出纳岗位实训

CHU NA GANG WEI SHI XUN

主编 ◎ 周群英

经济管理出版社

图书在版编目（CIP）数据

出纳岗位实训/周群英主编.—北京：经济管理出版社，2015.6
ISBN 978-7-5096-3512-4

Ⅰ.①出… Ⅱ.①周… Ⅲ.①出纳—中等专业学校—教材 Ⅳ.①F231.7

中国版本图书馆 CIP 数据核字（2014）第 283714 号

组稿编辑：魏晨红
责任编辑：魏晨红
责任印制：黄章平
责任校对：赵天宇

出版发行：经济管理出版社
　　　　　（北京市海淀区北蜂窝 8 号中雅大厦 A 座 11 层　100038）
网　　址：www.E-mp.com.cn
电　　话：(010) 51915602
印　　刷：北京市海淀区唐家岭福利印刷厂
经　　销：新华书店
开　　本：787mm×1092mm/16
印　　张：13
字　　数：248 千字
版　　次：2015 年 6 月第 1 版　2015 年 6 月第 1 次印刷
书　　号：ISBN 978-7-5096-3512-4
定　　价：36.00 元

·版权所有　翻印必究·

凡购本社图书，如有印装错误，由本社读者服务部负责调换。
联系地址：北京阜外月坛北小街 2 号
电话：(010) 68022974　　邮编：100836

前　言

职业教育是现代国民教育体系的专业组成部分，我们根据"国家中等职业教育改革发展示范校建设"的要求和多年职业学校财会专业的教学经验，结合企业出纳工作岗位的要求和职业教育特点，组织编写了本教材。

本书以出纳岗位所从事的实际工作内容为主线，以出纳岗位实际工作能力为出发点，注重出纳工作流程、业务操作要点，为学生从事出纳工作奠定了基础。

本书由四川省绵阳财经学校《出纳岗位实训》编写组编写；主编周群英，项目一由尹苇苇编写，项目二由吴佳玲编写，项目三由余霞、魏薇、梁萍编写，项目四由周群英编写；企业代表李祖明参与了本书的指导和编写工作。

本书适用于中等职业学校会计专业的学生，也可作为会计人员培训和自学用书。

在本书的编写过程中，我们深入企业、银行做了大量的调研，参阅了相关的书籍，得到了企业和银行的大力支持，在此向他们表示诚挚的谢意！

由于时间和水平所限，书中难免存在不当之处，敬请批评指正，以便及时修订和完善。谢谢！

编　者

2015 年 6 月

目　录

项目一　账户及相关业务管理 …………………………………………… 001

　　任务一　开户业务 ……………………………………………………… 002
　　任务二　银行结算账户变更业务 ……………………………………… 014
　　任务三　单位撤销银行结算账户 ……………………………………… 016

项目二　现金收支业务 …………………………………………………… 018

　　任务一　现金收入业务 ………………………………………………… 018
　　任务二　现金支出业务 ………………………………………………… 025

项目三　银行结算业务 …………………………………………………… 033

　　任务一　支票结算 ……………………………………………………… 033
　　任务二　银行汇票结算 ………………………………………………… 051
　　任务三　银行承兑汇票结算 …………………………………………… 063
　　任务四　电汇结算 ……………………………………………………… 077
　　任务五　委托收款结算 ………………………………………………… 082
　　任务六　银行本票结算 ………………………………………………… 092
　　任务七　网银结算 ……………………………………………………… 104

项目四　综合实训业务 …………………………………………………… 118

项目一　账户及相关业务管理

实训企业基本信息及相关资料

单位名称	绵阳华远电子科技有限公司			
开户银行	中国工商银行绵阳剑南支行			
开户银行地址	绵阳市涪城区临园路东段 41-13 号			
银行账号	2308412319022115326			
纳税识别号	510793769970265			
公司地址	绵阳市金菊街 8 号		电话	0816-6732169
公司法人	王兰			
库存现金限额：8000 元				

绵阳华远电子科技公司机构设置及人员构成：

人员＼部门	财务部	基本生产车间	行政部	采购部	销售部
	李林（财务主管）	王磊（主任）	张平（主任）	吴坤（采购主管）	李刚（销售主管）
	张勇（会计）	宋元（科员）	王大海（科员）	刘军（科员）	陈强（科员）
	雷玲（出纳）				

供应单位名称及信息：

单位名称	四川松田电子有限责任公司	绵阳海瑞电子有限责任公司	成都红星公司
开户银行	中国建设银行绵阳剑南路支行	绵阳市商业银行	中国工商银行成都金牛支行
银行账号	51001658638051500806	02010140100000602	2308412319067359687
纳税人识别号	5103797683701647	5109354569266352	510902566524638
地址	绵阳市剑南路 26 号	绵阳市桃园路 32 号	成都市金牛区 31 号
电话	0816-2675806	0816-3982656	028-88547896
提供产品	POE 磁芯：单价 0.12 元/个 POE 磁环：单价 0.15 元/个	1701 盒子：单价 0.18 元/个 1702 盒子：单价 0.20 元/个	金线和蓝线：800 元/千克

销售单位名称及信息：

单位名称	四川英电纳子科技有限公司	莫仕公司四川分公司	四川绵阳久久电子科技有限公司
开户银行	遂宁市商业银行股份有限公司总行营业部	中国工商银行成都高新区支行	中国工商银行绵阳市涪城区支行
银行账号	5002129500032	230841231902235279	240101040002467
纳税人识别号	510789034514076	510902786543249	510700729812978
地址	四川省遂宁市玉龙路16号	四川省成都市高新区62号	四川省绵阳市涪城区红星街188号
电话	0551-6937851	028-88697654	0816-2266875
产成品名称	单孔七圈磁盒：单价1.2元/个 双孔十圈磁盒：单价1.8元/个		

任务一　开户业务

公司在领取营业执照并刻制公章之后，即可到银行办理开户手续，开立银行结算账户。根据中国人民银行关于结算账户管理的有关规定，每个公司仅可开立一个基本存款账户，用以提取现金及日常结算支付等，并可根据经营业务的需要，再开立其他的一般账户。

> **小知识**
>
> 单位银行结算账户按用途分为：基本存款账户、一般存款账户、专用存款账户、临时存款账户。

业务一：2014年8月7日，绵阳华远电子科技有限公司到中国工商银行绵阳剑南支行开户（基本存款账户）。

本书以基本存款账户的开立为例：

1. 填列银行开户申请书（一式三联）：第一联单位留存、第二联开户银行留存、第三联人民银行当地分支行留存

中国工商银行 单位银行结算账户申请书

存款人名称	绵阳华远电子科技有限公司		电话	0816-6732169
地　　址	绵阳市金菊街8号		邮编	621000
存款人类别	企业法人	组织机构代码		367829
法定代表人（ ） 单位负责人（ ）	姓　　名	王　兰		
	证件种类	身份证	证件号码	510702197401151124
行业分类	A（ ）　B（ ）　C（ ）　D（ ）　E（ ）　F（ ）　G（ ）　H（ ） I（ ）　J（ ）　K（ ）　L（ ）　M（ ）　N（ ）　O（ ）　P（ ） Q（ ）　R（ ）　S（ ）　T（ ）			
注册资金	100万元	地区代码		6590
经营范围	电子元件			
证明文件种类	营业执照	证明文件编号		47521
税务登记证（国税或地税）编号	367289761243547			
关联企业	关联企业信息填列在"关联企业登记表"上			
账户性质	基本（　）　一般（　）　专用（　）　临时（　）			
资金性质		有效日期至	年　月　日	
以下为存款人上级法人或主管单位信息：				
上级法人或主管单位名称				
基本存款账户开户许可证核准号		组织机构代码		
法定代表人（ ） 单位负责人（ ）	姓　　名			
	证件种类			
	证件号码			
以下栏目由开户银行审核后填写：				
开户银行名称	中国工商银行绵阳剑南支行	开户银行代码		786592876338
账户名称	绵阳华远电子科技有限公司	账　　号		23084123190221155326
基本存款账户开户许可证核准号		开户日期		2014年8月10日
本存款申请开立单位银行结算账户，并承诺所提供的开户资金真实、有效。 （绵阳华远电子科技有限公司 盖章） 存款人（盖章） 2014年8月7日	开户银行审核意见： 中国工商银行绵阳剑南支行 张宏 经办人（盖章） 银行（盖章） 2014年8月7日　业务章		中国人民银行绵阳分行 赵之华 经办人（盖章） 银行（盖章） 2014年8月10日　业务章	

第一联　单位留存

中国工商银行 单位银行结算账户申请书

存款人名称	绵阳华远电子科技有限公司		电话	0816-6732169
地址	绵阳市金菊街8号		邮编	621000
存款人类别	企业法人	组织机构代码		367829
法定代表人（ ）单位负责人（ ）	姓 名	王 兰		
	证件种类	身份证	证件号码	510702197401151124
行业分类	A（ ） B（ ） C（ ） D（ ） E（ ） F（ ） G（ ） H（ ） I（ ） J（ ） K（ ） L（ ） M（ ） N（ ） O（ ） P（ ） Q（ ） R（ ） S（ ） T（ ）			
注册资金	100万元	地区代码		6590
经营范围	电子元件			
证明文件种类	营业执照	证明文件编号		47521
税务登记证（国税或地税）编号	367289761243547			
关联企业	关联企业信息填列在"关联企业登记表"上			
账户性质	基本（ ） 一般（ ） 专用（ ） 临时（ ）			
资金性质		有效日期至	年 月 日	
以下为存款人上级法人或主管单位信息：				
上级法人或主管单位名称				
基本存款账户开户许可证核准号		组织机构代码		
法定代表人（ ）单位负责人（ ）	姓 名			
	证件种类			
	证件号码			
以下栏目由开户银行审核后填写：				
开户银行名称	中国工商银行绵阳剑南支行	开户银行代码		786592876338
账户名称	绵阳华远电子科技有限公司	账 号		2308412319022115326
基本存款账户开户许可证核准号		开户日期		2014年8月10日

本存款申请开立单位银行结算账户，并承诺所提供的开户资金真实、有效。

存款人（盖章）
2014年8月7日
[绵阳华远电子科技有限公司 印章]

开户银行审核意见：
中国工商银行绵阳剑南支行
张宏
经办人（盖章）   业务章
银行（盖章）
2014年8月7日

中国人民银行绵阳分行
赵之华
经办人（盖章）   业务章
银行（盖章）
2014年8月10日

第二联 开户银行留存

中国工商银行 单位银行结算账户申请书

存款人名称	绵阳华远电子科技有限公司		电话	0816-6732169
地　　址	绵阳市金菊街8号		邮编	621000
存款人类别	企业法人	组织机构代码		367829
法定代表人（ ） 单位负责人（ ）	姓　　名	王兰		
	证件种类	身份证	证件号码	510702197401151124
行业分类	A（ ）B（ ）C（ ）D（ ）E（ ）F（ ）G（ ）H（ ） I（ ）J（ ）K（ ）L（ ）M（ ）N（ ）O（ ）P（ ） Q（ ）R（ ）S（ ）T（ ）			
注册资金	100万元		地区代码	6590
经营范围	电子元件			
证明文件种类	营业执照	证明文件编号		47521
税务登记证（国税或地税）编号		367289761243547		
关联企业	关联企业信息填列在"关联企业登记表"上			
账户性质	基本（ ）　　一般（ ）　　专用（ ）　　临时（ ）			
资金性质		有效日期至	年　月　日	
以下为存款人上级法人或主管单位信息：				
上级法人或主管单位名称				
基本存款账户开户许可证核准号			组织机构代码	
法定代表人（ ） 单位负责人（ ）	姓　　名			
	证件种类			
	证件号码			
以下栏目由开户银行审核后填写：				
开户银行名称	中国工商银行绵阳剑南支行		开户银行代码	786592876338
账户名称	绵阳华远电子科技有限公司		账　　号	2308412319022115326
基本存款账户开户许可证核准号			开户日期	2014年8月10日

本存款申请开立单位银行结算账户，并承诺所提供的开户资金真实、有效。

（绵阳华远电子科技有限公司 盖章）

存款人（盖章）
2014年8月7日

开户银行审核意见：
中国工商银行
绵阳剑南支行
张宏
经办人（盖章）　业务章
银行（盖章）
2014年8月7日

中国人民银行
绵阳分行
赵之华
经办人（盖章）　业务章
银行（盖章）
2014年8月10日

第三联　中国银行当地分支行留存

2. 准备以下资料

（1）营业执照副本及复印件。

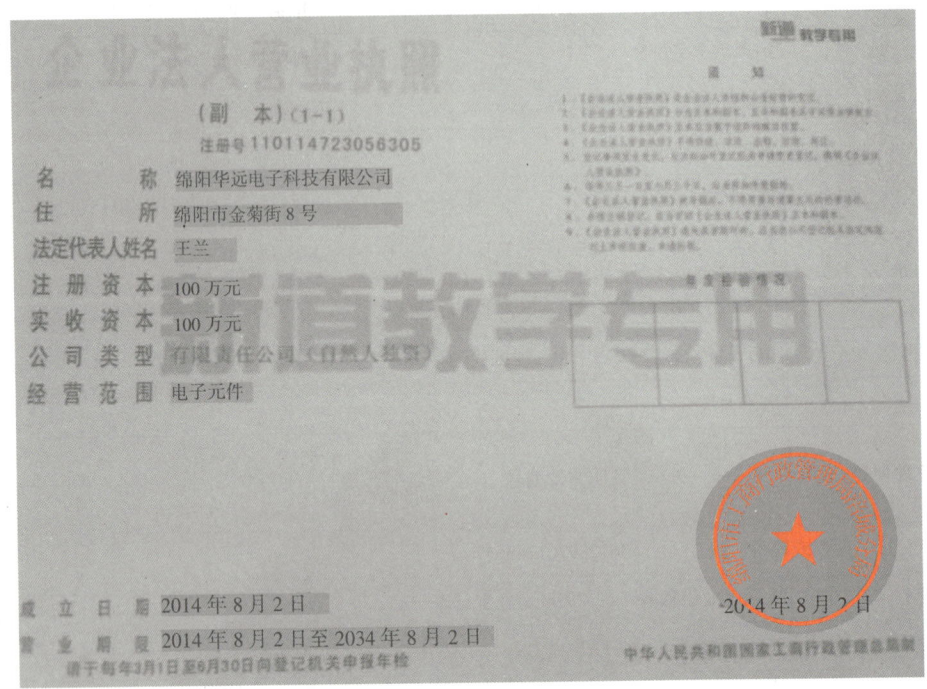

（2）组织机构代码证的副本及复印件。

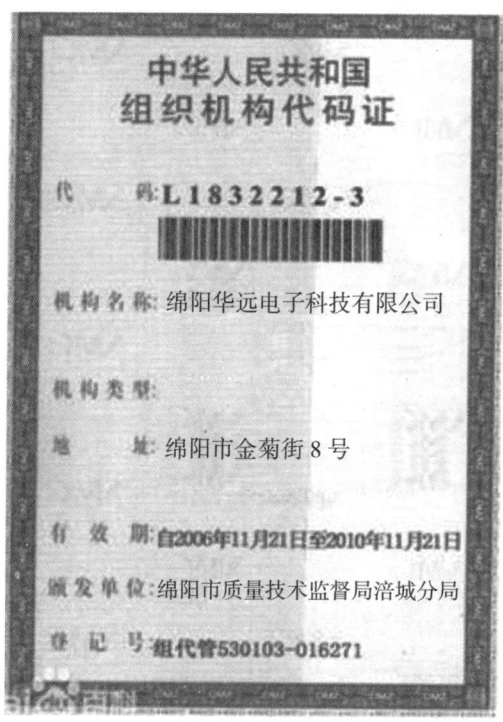

（3）法定代表人身份证复印件。

（4）公章、财务专用章及预留人名章。

（5）经办人身份证复印件。
（6）公司的税务登记证（含国税及地税）副本的复印件。

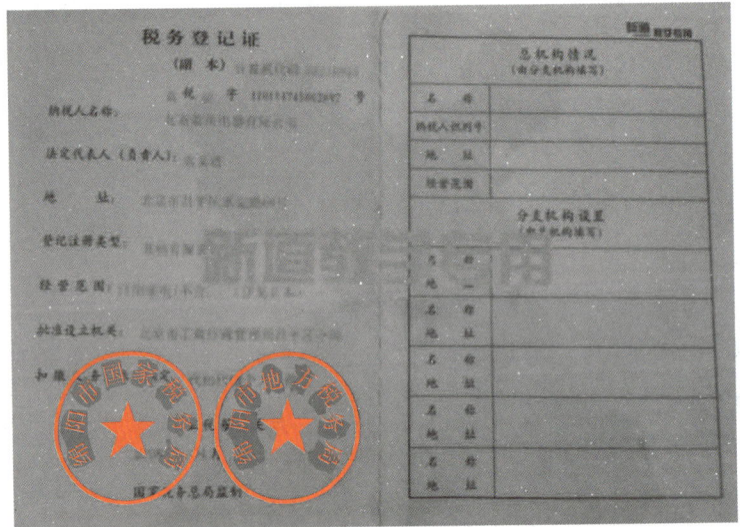

（7）银行要求的其他资料。

将以上资料和银行要求的其他资料以及填列好的开户申请书交由银行工作人员，银行工作人员审核合格后即可办理。

> **小知识**
>
> **银行账户《开户许可证》相关知识及核发流程**
>
> 许可内容：对基本存款账户、临时存款账户和预算单位专用存款账户开户进行审核，核发《开户许可证》。

数量及方式：无数量限制，符合条件即予核准。

申请表格：《开户申请书》，到开户银行索取。

申请受理机关：当地人民银行分支机构。

决定机关：当地人民银行分支机构。

许可程序：

（1）单位到开户银行填写开户申请书。

（2）开户银行审查开户资料的合法性。

（3）由开户银行将开户资料的原件及复印件送到人民银行审查。

（4）对合格的，核发《开户许可证》；不合格的，注明原因予以退回。

许可时限：2个工作日内作出决定。

证件及有效期限：《开户许可证》，按载明期限执行；其中临时账户有效期为2年。

收费：无。

审验：年检。

服务承诺时限：1个工作日内作出决定。

3. 取得开户许可证

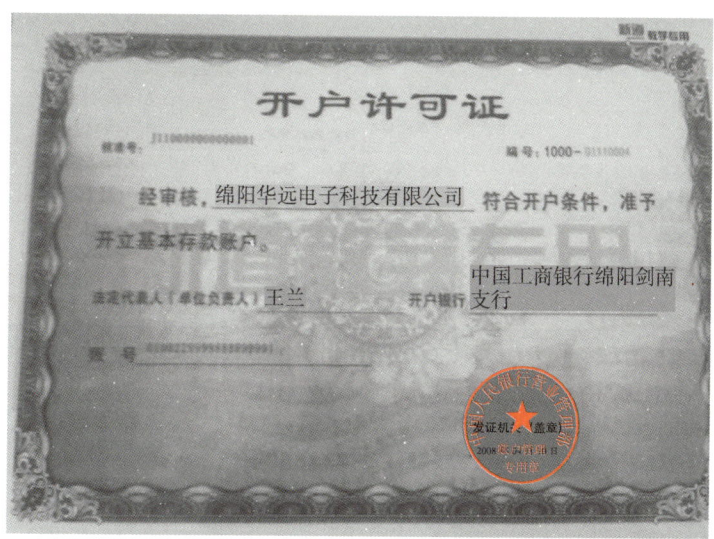

❓小知识

开立基本存款账户便可以在开户行购买现金支票和转账支票。

业务二：2014年8月12日，绵阳华远电子科技有限公司到银行购买支票。

1. 提供以下资料

（1）授权书。

授 权 书

中国工商银行绵阳市剑南支行：
　　本公司授权财务人员雷玲同志（身份证号码：　　　　　　　）前来贵行办理购买支票事宜。公司账号：2308412319022115326。

绵阳华远电子科技有限公司

2014年8月12日

（2）经办人的身份证及复印件。
（3）在银行预留的印鉴（法人章和财务章）。
（4）基本存款账户的开户许可证。
（5）填写银行支票申购单。

中国工商银行 购买凭证申请单

2014年3月27日　　　　　　编号：00454635

申请人全称	绵阳华远电子科技有限公司			申请人账号	2308412319022115326
领购人姓名	雷玲	证件名称	身份证	证件号码	123456
购买凭证名称	单位（本/份）		数量	支付密码：	
现金支票	本		壹	预留银行印章：	
转账支票	本		壹		
				申购人签名：雷玲（印）	

附件　　张　　监督：　　　　主管：　　　　经办：雷玲

2. 将资料交开户银行办理，购买现金支票一本、转账支票一本

中国工商银行 现金支票存根 10305112 06479170	中国工商银行 现金支票　06485938　10305112　06479170
附加信息 出票日期：2014 年 10 月 10 日 收款人： 金额： 用途： 单位主管　　会计	付款期限自出票之日起十天 出票日期（大写）：　　　　付款行名称： 贰零壹肆 年　零壹拾 月　零壹拾 日　出票人账号： 收款人： 人民币（大写）　　　　　亿千百十万千百十元角分 用途：　　　　　　　密码： 上列款项请从 我账户内支付 出票人签章　　　　复核：　　记账：

现金支票编号：1030511206479170-1030511206479195。

中国工商银行 转账支票存根 10205122 06282601	中国工商银行 转账支票　06485938　1020512　06282601
附加信息 出票日期：2014 年 10 月 10 日 收款人： 金额： 用途： 单位主管　　会计	付款期限自出票之日起十天 出票日期（大写）：　　　　付款行名称： 贰零壹肆 年　零壹拾 月　零壹拾 日　出票人账号： 收款人： 人民币（大写）　　　　　亿千百十万千百十元角分 用途：　　　　　　　密码： 上列款项请从　　　　　　行号：102659041213 我账户内支付 出票人签章　　　　复核：　　记账：

转账支票编号：1020512206282601-1020512206282625。

3. 支付购买支票费用，收到银行收费单据

 收费凭证

2014 年 8 月 12 日

工本费付费户名：绵阳华远电子科技有限公司
工本费付费账号：2308412319022115326
手续费付费户名：绵阳华远电子科技有限公司
手续费付费账号：2308412319022115326
使用凭证账号：2308414109100060000

服务项目（凭证种类）	凭证号码段1	凭证号码段2	凭证号码段3	工本费	手续费	金额小计
现金支票：06659176—06659200				10.00	40.00	50.00

金额合计（大写）：人民币（本位币）伍拾元整
金额合计（小写）：RMB ¥50.00

记账：01320

地区号：02308　　网点号：04111　　操作柜员：01320　　授权柜员：　　交易时间：

4. 设立支票领用登记簿

《内部会计控制规范——货币资金》规定，单位应当加强对与货币资金相关的票据的管理，明确各种票据的购买、保管、领用、背书转让、注销等环节的职责权限和程序，并专设登记簿进行记录，防止空白票据的遗失和被盗用。因此，为了加强支票的管理，领用支票时，应当登记"支票领用登记簿"，详细登记领用日期、领用部门、领用人、用途、批准人、支票类别、支票号码、限额、支付日期、收款单位、金额等内容。

支票领用登记簿

单位：绵阳华远电子科技有限公司				支票种类：				
开户行：中国工商银行绵阳剑南支行				账号：2308412319022115326				
起止号码：				购票日期：				
序号	日期	号码	用途	金额	开票人	收款人	领票人	备注
1								
2								
3								
4								

5. 购买支付密码器

现在的银行业务都需要使用支付密码噢！

（1）支付密码：目前大多数企业的银行业务都需要使用支付密码。

（2）使用：凡是在中国工商银行开立基本存款账户、一般存款账户、临时存款账户、专用存款账户的企业均可购买和使用支付密码器或者使用密码单。

1) 企业购买的一个电子密码器可以加载多个账户。

2) 可以和银行约定在现金支票、转账支票、普通支票、业务委托书、电汇、信汇、空白重要凭证领用单、税收缴款书、电话银行付款凭证、收费凭证等支付凭证上使用支付密码，银行凭以审核支付，每次由电子密码器自动生成。

3) 企业更改账户密码，视同更换预留印鉴，遗忘支付密码器最高级别口令或者口令被锁，密码器丢失、损坏等，均应持支付密码器和单位公函、经办人身份证件向经办行申请办理相应手续。

收费凭证

2014 年 8 月 12 日

工本费付费户名：绵阳华远电子科技有限公司
工本费付费账号：2308412319022115326
手续费付费户名：绵阳华远电子科技有限公司
手续费付费账号：2308412319022115326   使用凭证账号：2308414109100060000
服务项目（凭证种类）：   凭证号码段1：   凭证号码段2：   凭证号码段3：   工本费：   手续费：   金额小计：
电子密码器：   320.00   320.00
金额合计（大写）：人民币（本位币）叁佰贰拾元整
金额合计（小写）：RMB ¥320.00

                                                                                  记账：01320

地区号：02308   网点号：04111   操作柜员：01320   授权柜员：   交易时间：

任务二 银行结算账户变更业务

> **小知识**
>
> 银行结算账户的变更是指存款人的账户信息资料发生变化或改变。

根据账户管理的要求，存款人变更账户名称、单位的法定代表人或主要负责人、地址等其他开户资料后，应及时向开户银行办理变更手续，填写变更银行结算账户申请书。属于申请变更单位银行结算账户的，应加盖单位公章；属于申请变更个人银行结算账户的，应加盖个人签章。存款人更改名称，但不改变开户银行及账号的，应于5个工作日内向开户银行提出银行结算账户的变更申请，并出具有关部门的证明文件。单位的法定代表人或主要负责人、住址以及其他开户资料发生变更时，应于5个工作日内书面通知开户银行并提供有关证明。属于变更开户许可证记载事项的，存款人办理变更手续时，应交回开户许可证，由中国人民银行当地分支行换发新的开户许可证。

（一）填写变更银行结算账户申请书（一式三联）

（二）变更企业银行账户需提供的资料

（1）营业执照。

（2）国税和地税的税务登记证。

（3）开户许可证。

（4）法人授权书。

（5）法人及代办人的身份证。

（6）未使用的空白支票和电汇单及印鉴卡等。

（7）公章、财务章以及法人私章。

（三）企业银行账户变更手续

（1）存款人申请变更核准银行结算账户的存款人名称、法定代表人或单位负责人的，存款人应及时到开户银行申请办理开户资料信息变更手续，填写"变更银行结算账户申请书"，并加盖单位公章，连同相关证明文件及开户许可证在5个工作日内提交开户银行。银行在受理存款人的变更申请时，应对存款人提交的变更申请资料的真实性、完整性、合规性进行审查，于2个工作日内将存款人的"变更银行结算账户申请书"、开户许可证以及有关证明文件报送中国人民银行当地分支行。其中，基本存款账户、预算单位专用存款账户、异地临时存款账户存款人符合变更条件的，由中国人民银行当地分支行核准其变更申请，收回原开户许可证，颁发新的开户许可证。不符合变更条件的，中国人民银行当地分支行不核准其变更申请并退回有关资料。

（2）存款人变更账号。如因各金融机构行内系统升级改造等原因改变存款人账号的，应由其开户银行根据账号变更清册与证明资料一并提交中国人民银行当地分支行办理变更手续。

（3）基本存款账户"转户"。"转户"是指存款人因迁址或其他需要，在原基本存款账户开户银行撤销基本存款账户后，选择其他银行，申请重新开立基本存款账户的行为。存款人"转户"应按照《人民币银行结算账户管理办法》规定办理销户手续，向其他银行申请重新开立基本存款账户时，应按规定如实填写"开立单位银行结算账户申请书"，并与相关的证明文件和原基本存款账户开户行出具的"销户证明"一并提交银行审核。存款人撤销原基本存款账户后，重新开立基本存款账户时，开户资料信息发生变更的，应就变更事项及其内容向银行说明。但存款人的类别、登记证书和营业执照编号不得变更。银行应对存款人提交的"开立单位银行结算账户申请书"填写的各项内容和开户证明文件的真实性、完整性、合规性进行审查，符合开户要求的，应将开户申请书、相关的证明文件和银行审核意见等开户资料报送中国人民银行当地分支行，经其核准后，核发基本存款账户开户许可证。

（4）单位存款人申请更换预留公章或财务专用章的，应向开户银行出具书面申请、原预留公章或财务专用章等相关证明材料。单位存款人申请更换预留公章或财务专用章但无法提供原预留公章或财务专用章的，应向开户银行出具原印鉴卡片、开户许可证、营业执照正本、司法部门的证明等相关证明文件。单位存款人申请变更预留公章或财务专用章的，可由法定代表人或单位负责人直接办理，也可授权他人办理。由法定代表人或单位负责人直接办理的，除出具相应的证明文件外，还应出具法定代表人或单位负责人的身份证件；授权他人办理的，除出具相应的证明文件外，还应出具法定代表人或单位负责人的身份证件及其出具的授权书，以及被授权人的身份证件。

任务三　单位撤销银行结算账户

（一）撤销原因

（1）发生下列事由之一的，存款人应向开户银行提出撤销银行结算账户的申请：①被撤并、解散、宣告破产或关闭的；②注销、被吊销营业执照的；③因迁址需要变更开户银行的；④其他原因需要撤销银行结算账户的。

（2）因主体资格终止（如被撤并、解散、宣告破产或者关闭的，注销、被吊销营业执照的）撤销银行结算账户的特殊规定：①应先撤销一般存款账户、专用存款账户、临时存款账户，将账户资金转入基本存款账户后，方可办理基本存款账户的撤销。②银行得知存款人主体资格终止情况，存款人超过规定期限未主动办理撤销银行结算账户手续的，银行有权停止其银行结算账户的对外支付。

（3）银行主动予以撤销。存款人应撤销而未办理销户手续的单位银行结算账户或银行对1年未发生收付活动且未欠开户银行债务的单位银行结算账户，应通知单位自发出通知之日起30日内办理销户手续，逾期视同自愿销户，未划转款项列入久悬未取专户管理。

（二）撤销程序

单位客户主动撤销银行结算账户的，填写《××银行撤销单位银行结算账户申请书》注明销户原因。

开户行审核后，按照如下程序办理：一是要求单位客户填制"客户交回未用空白重要凭证清单"，并交回所有未用空白重要凭证，并对交回凭证当面切角或打洞作废；如有未退回的未用空白重要凭证，单位客户必须向开户行提交正式公函，声明由此引起的一切损失由单位客户自行负责，并在声明中注明未退凭证种类及号码。二是开户行要确认该账户是否有未归还的记账费用，是否有未归还的贷款、欠息，是否有浮动余额，是否有××银行已承兑的银行承兑汇票和应承付的托收承付凭证，如有上述情况之一，不能办理销户手续。三是开户行在确认该账户没有其他遗留问题后，结清该账户的余额和往来利息。四是开户行确认该账户无余额、无积数、无欠息、无欠费后，填制两联"调整账户信息通知书"，交业务主管审批后，凭此办理销户。

开户行得知单位客户因被撤并、解散、宣告破产或关闭以及被注销、吊销营业执照的，应通知单位客户办理销户手续；自通知发出之日起30天后，如单位客户仍未办理销户手续，开户行有权停止该账户的对外支付。

课后练习：

1. 简述企业开立基本存款账户的程序
2. 单位银行结算账户撤销的原因有哪些

项目二 现金收支业务

任务一 现金收入业务

业务一：2014年9月3日，签发现金支票5000元提现备用。

（1）填写"支票领用簿"领取现金支票。

支票领用簿

单　　位：绵阳华远电子科技有限公司					支票种类：现金支票			
开 户 行：中国工商银行绵阳剑南支行					账　　号：2308412319022115326			
起止号码：1030511206479170—10305112064791795					购票日期：			
序号	日期	号码	用途	金额	开票人	收款人	领票人	备注
1	9.3	1030511206479170	提现	5000.00	雷　玲	绵阳华远电子科技有限公司	雷　玲	
2								
3								

（2）出纳填制"现金支票"并背书。

签发日期应填写实际出票日期，支票正联出票日期必须使用中文大写，支票存根部分出票日期用阿拉伯数字书写。为防止变造，中文大写日期填写要求为：月为壹、贰和壹拾的，应在其前面加"零"。

阿拉伯小写金额数字前面均应填写人民币符号"¥"。阿拉伯金额数字小写不得连写，后面注意填写至分位，如分位为零，则写"0"。

大写金额应紧接"人民币"书写，不得留有空白，以防变造；大小金额应该保持一致。

收款人应填写全称且与存根收款人保持一致。如是本单位从银行提取现金,"收款人"处可以写"本单位"。

用途按实际填写。如"备用金"、"支付材料款"等。正联填写应与存根保持一致。"密码"、"复核"、"记账"区域为银行填写内容。

按银行预留印鉴分别签章,企业一般都在银行预留"财务专用章"、"法人印章"。

背书时:收款人是单位的,此处"收款人签章"加盖企业的财务专用章,并附上背书日期。背书未记载日期的视为在票据到期日前背书。

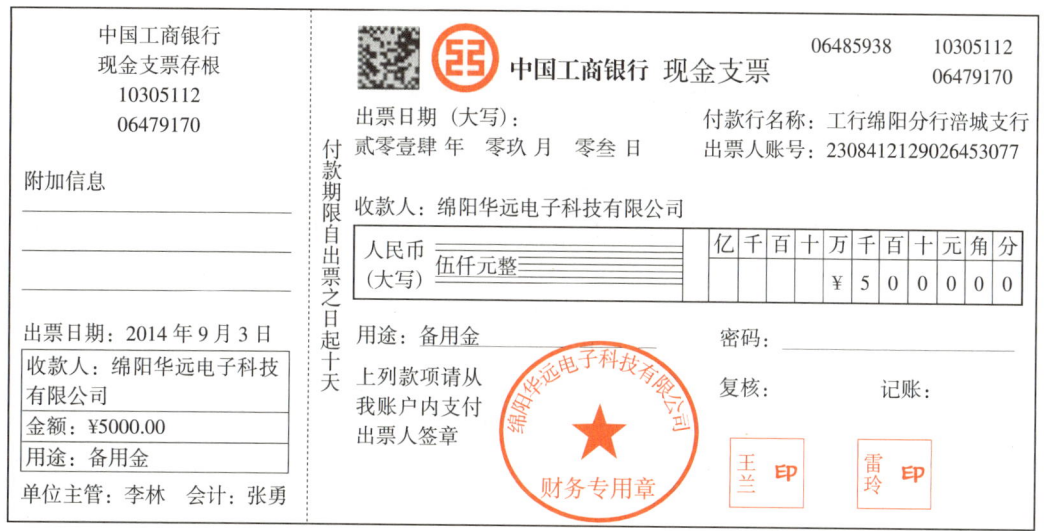

根据《中华人民共和国票据法》等法律法规的规定,签发空头支票由中国人民银行处以票面金额5%但不低于1000元的罚款。

(3)填制完毕后,出纳将现金支票正联交给银行,取回现金,将现金存入保险柜。

(4)出纳将现金支票存根联交给会计,会计据此编制记账凭证。

```
              中国工商银行
              现金支票存根
              10305112
              06479170

       附加信息
       _____
       _____
       _____

       出票日期：2014 年 9 月 3 日
       收款人：绵阳华远电子科技有限公司
       金额：¥5000.00
       用途：备用金
       单位主管：李林      会计：张勇
```

知识点：库存现金与银行存款相互划转业务，填制付款凭证。

付 款 凭 证

贷方科目：银行存款　　　　　2014 年 9 月 3 日　　　　　付字第 1 号

摘　要	借方总账科目	明细科目	记账符号	金　额										附单据1张
				千	百	十	万	千	百	十	元	角	分	
提现备用	库存现金							5	0	0	0	0	0	
								¥	5	0	0	0	0	0	

财务主管：李林　　　记账：张勇　　　出纳：雷玲　　　审核：李林　　　制单：张勇

业务二：2014 年 9 月 15 日，刘军出差归来，报销差旅费 2350 元，并交回现金 350 元。

项目二　现金收支业务

浙江省地方税务局通用机打发票

发 票 联

发票代号：233001471633
发票号码：02156421

开票日期：2014 年 9 月 14 日　　行业分类：旅店业

纳税人识别号：330401587788094	机打号码：02156421
机器编号：	税控防伪码：83386351920828860218
付款户名：绵阳华远电子科技有限公司	付款方式：信用卡

房号	到店时间	离店时间	天数	人数	单价	金额
8061	2014.9.9	2014.9.14	5.0	1	300	1500.00

合计人民币（大写）：壹仟伍佰元整　　　　　　　　　　　　　　¥1500.00
备注：

嘉兴市新亿代商务酒店有限公司
330401587788094
发票专用章

开票人：姚玉瑾　　　收款人：姚玉瑾　　　收款单位盖章　　　手写无效

第一联　发票联　付款方记账凭证（手开无效）

N072584		绵　阳	售
绵　阳	D2202 次	嘉　兴	
Mian Yang	→	Jia Xing	
2014 年 9 月 9 日	08:57 开	02 车	001 号　A
¥425.00 元	网	二等座	
限乘当日当次车			
刘　军			
5103221984****7321			
45524320068913N0725K4			

N080968		嘉　兴	售
嘉　兴	D2208 次	绵　阳	
Jia Xing	→	Mian Yang	
2014 年 9 月 14 日	08:08 开	04 车	013 号　A
¥425.00 元	网	二等座	
限乘当日当次车			
刘　军			
5103221984****7321			
45524320068913N0725K4			

(1) 出纳复核报销人的相关原始单据及差旅费报销单。

"日期"栏：填写实际报销日期。

"出差人"栏：填写实际出差人姓名。

"事由"栏：根据实际出差事由填写，如"外出学习"、"外出洽谈业务"等。

"起止时间及地点"、"交通费"栏：一般根据采用的交通工具（如火车等）填写，并按车票信息注明起止时间点、地点、金额等，出差补贴根据单位自身要求填写，如无则不填。

"金额"栏：按大小写要求填写；"预支旅费"栏根据出差前是否预支差旅费如实填写，如无则不填，此处用小写并加"¥"；"退回金额"、"补领金额"栏：根据实际领退金额填写，并加"¥"。

"报销人"栏：填写实际报销人姓名；"出纳"栏：由出纳本人签字；"复核"栏：一般是财务主管审核签字；"主管"栏：一般是分管财务工作的单位领导审核签字。

差旅费报销单

2014 年 9 月 15 日　　　　　　　　　　　　　　　单位：元

出差人：刘军												事由：外出洽谈业务	
起止时间及地点					交通费			出差补贴				其他	
月	日	起点	月	日	终点	交通工具	单据张数	金额	项目	人数	天数	补贴标准	金额	项目	金额
9	9	绵阳	9	9	嘉兴	火车	1	425						住宿费	1500.00
9	14	嘉兴	9	14	绵阳	火车	1	425							
合计（大写）：贰仟叁佰伍拾元整							¥2350.00		预支旅费			¥2700.00		退回金额	¥350.00
														补领金额	

主管：王 兰　　复核：李 林　　出纳：雷 玲　　报销人：刘 军

(2) 复核完毕后，出纳收取差旅费剩余款 350 元，并开具收款收据。

收 据　　NO.1177210

入账日期：2014 年 9 月 15 日

交款单位：刘军	收款方式：现金
人民币（大写）：叁佰伍拾元整	¥350.00
收款事由：退回多余借款	现金收讫

财务主管：李林　　记账：张勇　　出纳：雷玲　　审核：李林　　经办：刘军

收款存根

(3) 出纳将收据第一联留底备查，第二联交给付款人，第三联传递给会计据以记账。

(4) 会计根据"差旅费报销单"、"收据"第三联及其他相关原始凭证填制记账凭证。

收 款 凭 证

借方科目：库存现金　　　　　　2014 年 9 月 15 日　　　　　　收字第 1 号

摘　要	贷方总账科目	明细科目	记账符号	金　额 千 百 十 万 千 百 十 元 角 分	附单据4张
收到刘军退回现金	其他应收款	刘军		3 5 0 0 0	
合　计				¥　　　　　3 5 0 0 0	

财务主管：李林　　　记账：张勇　　　出纳：雷玲　　　审核：李林　　　制单：张勇

转 账 凭 证

2014 年 9 月 15 日　　　　　　转字第 1 号

摘　要	总账科目	明细科目	借方金额 亿 千 百 十 万 千 百 十 元 角 分	贷方金额 亿 千 百 十 万 千 百 十 元 角 分	√ 附单据5张 □ □ □
报销差旅费	管理费用	差旅费	2 3 5 0 0 0		
	其他应收款	刘军		2 3 5 0 0 0	
合　计			¥　　　　2 3 5 0 0 0	¥　　　　2 3 5 0 0 0	

会计主管：李林　　　记账：张勇　　　审核：李林　　　制单：张勇

业务三：2014 年 9 月 16 日，四川绵阳久久电子科技有限公司购买单孔七圈磁盒 500 个，单价 1.2 元，增值税 102 元，共计 702 元。经出纳清点并收取现金：100 元 6 张、20 元 5 张、1 元 2 张。

出纳岗位实训

5100133140　　　　四川增值税专用发票　　　　No.388990200

开票日期：2014 年 9 月 16 日

购货单位	名称	四川绵阳久久电子科技有限公司	密码区	03+319<*78-2>59*13712	加密版本：01
	纳税人识别号	510700729812978		34-8<53/534678<4>89/<	1100121140
	地址、电话	四川省绵阳市涪城区红星街188号		1-9/<+5+1-2<*806>*-+1	
	开户行及账号	中国工商银行绵阳市涪城区支行 240101040002467		*2021>3944122<2>>>43	02000713

货物或应税劳务名称	规格型号	单位	数量	单价	金额	税率	税额
单孔七圈磁盒	Z450	个	500	1.2	600.00	17%	102.00
				现金收讫			
合计					¥600.00		¥102.00
价税合计（大写）	人民币柒佰零贰元整				（小写）	¥702.00	

销货单位	名称	绵阳华远电子科技有限公司	备注	
	纳税人识别号	510793769970265		
	地址、电话	四川省绵阳市游仙区金菊街8号		
	开户行及账号	中国工商银行绵阳分行剑南支行 2308412319022115326		

收款人：雷玲　　复核：李林　　开票人：陈强　　销货单位：（章）

第一联 记账联 销货方记账凭证

出纳清点收取现金，在增值税专用发票（一式四联）上加盖"现金收讫"章，将第二联和第三联交付购货单位，第一联留存传递给会计做账。

业务四：出纳将当日销货款送存银行，并填写现金缴款单。其中现金：100元9张、20元1张、10元1张、5元1张、1元一张。

024

（1）出纳清点现金张数，并填写现金缴款单。

ICBC 中国工商银行

现金存款凭条

2014 年 9 月 16 日

存款人	全　称	绵阳华远电子科技有限公司						款项来源	销货款										第一联	第二联
	账　号	2308412319022115326																		
	开户行	中国工商银行绵阳剑南支行						交款人	雷玲											
金额（大写）		人民币玖佰叁拾陆元整						金额（小写）	亿	千	百	十	万	千	百	十	元	角	分	回单
												￥	9	3	6	0	0		银行核对联
票面	张数	十万	千	百	十	元	票面	张数	千	百	十	元	角	分	备注：					
壹佰元	9		9	0	0		伍角						角							
伍拾元							贰角						角		中国工商银行					
贰拾元	1			2	0		壹角						角		绵阳剑南支行					
拾元	1			1	0		伍分							分	2014.9.16					
伍元	1				5		贰分							分	收讫					
贰元							壹分							分						
壹元	1				1		其他								徐洪					

（2）出纳将现金缴款单第一联回单交给单位会计，会计据以填制记账凭证。

付 款 凭 证

贷方科目：库存现金　　　　2014 年 9 月 16 日　　　　付字第 2 号

摘　要	借方总账科目	明细科目	记账符号	金　额									
				千	百	十	万	千	百	十	元	角	分
销货款送存银行	银行存款							9	3	6	0	0	
合　计								￥	9	3	6	0	0

附单据 1 张

财务主管：李林　　记账：张勇　　出纳：雷玲　　审核：李林　　制单：张勇

任务二　现金支出业务

业务一：2014 年 9 月 16 日，采购部刘军出差，借支差旅费 3000 元。

（1）出纳根据要求审核借款单并办理现金借款。

借　款　单

2014 年 9 月 16 日

借款人部门	采购部			借款人	刘军		
借款金额	大　写	人民币叁仟元整		小　写	¥3000.00		
借款用途	出差洽谈						
备注				现金付讫			
领导审核	王兰		财务审核	李林		部门负责人审核	吴坤

（2）会计据以填制记账凭证。

付 款 凭 证

贷方科目：库存现金　　　　2014 年 9 月 16 日　　　　付字第 3 号

摘　要	借方总账科目	明细科目	记账符号	金　额								
				千	百	十	万	千	百	十	元	角	分
预借差旅费	其他应收款	刘军					3	0	0	0	0	0
合　计							¥3	0	0	0	0	0

附单据 1 张

财务主管：李林　　　记账：张勇　　　出纳：雷玲　　　审核：李林　　　制单：张勇

业务二：2014 年 9 月 17 日，销售部陈强报销业务招待费 2500 元。

出纳员复核原始单据和费用报销单，并在费用报销单上加盖"现金付讫"章。

绵阳市地方税务局通用机打发票

发票联

发票代号：233001471633
发票号码：02156421

开票日期：2014 年 9 月 16 日　　行业分类：餐饮业

纳税人识别号：330401587788094	机打号码：06148552
机器编号：64369865323	税控防伪码：0696 2714 4019 4845 6466
付款户名：绵阳华远电子科技有限公司	付款方式：现金

服务项目及摘要	单位	数量	单价	金额
餐费				2500.00

合计人民币（大写）：贰仟伍佰元整　　　　　　　　　　　¥2500.00
备注：

开票人：　　　　收款人：江一发　　　收款单位盖章　　　手写无效

第一联　发票联　付款方记账凭证（手开无效）

费用报销单

报销部门：销售部　　　2014 年 9 月 17 日　　　单据及附件共 1 页

报销项目	摘 要	金 额								备注
		十万	千	百	十	元	角	分		
业务招待费	招待参加本厂订货会的客户		2	5	0	0	0	0		领导审批　同意。王兰
	现金付讫									
合 计		¥	2	5	0	0	0	0		

金额大写：人民币贰仟伍佰元整　　原借款：　　　　　应退（补）款：

会计主管：李林　　复核：李林　　出纳：雷玲　　报销人：陈强

付 款 凭 证

贷方科目：库存现金　　2014 年 9 月 17 日　　　　付字第 4 号

摘 要	借方总账科目	明细科目	记账符号	金 额								附单据 2 张
				千	百	十	万	千	百	十	元	角	分	
报销业务招待费	销售费用	业务招待费						2	5	0	0	0	0	
合 计								¥	2	5	0	0	0	0	

财务主管：李林　　记账：张勇　　出纳：雷玲　　审核：李林　　制单：张勇

出纳岗位实训

业务三：2014 年 9 月 19 日，行政部门报销办公用品费 1000 元，现金支付。

（1）出纳审核相关原始凭证和费用报销单，签字并加盖"现金付讫"章。

四川省绵阳市国家税务局通用机打发票

发票代号：151071413004
发票号码：00236505

开票日期：2014 年 9 月 19 日　　　　行业分类：

交款单位：绵阳华远电子科技有限公司	机打号码：00236505
	防伪码：1799 0715 6209 2720 7227

品名及规格	数量	单位	单价	金额
办公桌	5.00	张	200.00	1000.00

合计人民币（大写）：壹仟元整　　　　合计：¥1000.00
收款单位：绵阳华新办公用品有限公司　　纳税人识别号：510790551026338
　　　　　　　　　　　　　　　　　　　机器编号：018310103852
收款人：何文　　　　　　　　　　　　　开票人：王燕

第二联　记账联　（手开无效）

费用报销单

报销部门：行政部　　　2014 年 9 月 19 日　　　单据及附件共 1 页

报销项目	摘要	十	万	千	百	十	元	角	分	备注	
办公用品费	行政部购买办公用品			1	0	0	0	0	0	领导审批	同意。王兰
	现金付讫										
合　计		¥		1	0	0	0	0	0		
金额大写：人民币壹仟元整		原借款：								应退（补）款：	

会计主管：李林　　　复核：李林　　　出纳：雷玲　　　报销人：

（2）出纳将相关审核无误的原始凭证传递给会计，会计据以填写记账凭证。

付 款 凭 证

贷方科目：<u>库存现金</u>　　　　　　2014年9月19日　　　　　　付字第5号

摘　要	借方总账科目	明细科目	记账符号	金　额 千 百 十 万 千 百 十 元 角 分	附单据2张
报销办公用品费	管理费用	办公用品费		１ ０ ０ ０ ０ ０	
合　计				￥　　　　　１ ０ ０ ０ ０ ０	

财务主管：李林　　　记账：张勇　　　出纳：雷玲　　　审核：李林　　　制单：张勇

课后练习：现金收支业务的处理

绵阳华远电子科技有限公司 2004 年 10 月发生下列经济业务：

1. 2014 年 10 月 8 日，出纳员雷玲从银行提取现金 2500 元备用

（1）填写支票领用簿。

（2）填写现金支票到银行提取现金。

（3）编制记账凭证。

2. 2014 年 10 月 9 日，销售部陈强去浙江嘉兴出差，出差前预借差旅费 2000 元，出纳审核其借款单并借款

（1）填写借款单。

（2）编制记账凭证。

3. 2014 年 10 月 14 日，陈强出差返回持火车票和住宿发票报销差旅费

N072839		绵　阳	售
绵　阳	D2206 次	上　海	
Mian Yang	→	Shang Hai	
2014 年 10 月 9 日	07:00 开	02 车	001 号
¥455.00 元	网	硬卧	
限乘当日当次车			
陈　强			
6103221985****7321			
45524320068913N0725K4			

N072820		绵　阳	售
上　海	D2208 次	绵　阳	
Shang Hai	→	Mian Yang	
2014 年 10 月 14 日	08:14 开	07 车	014 号
¥455.00 元	网	硬卧	
限乘当日当次车			
陈　强			
6103221985****7321			
45524320068913N0725K4			

项目二 现金收支业务

浙江省地方税务局通用机打发票

发票联

发票代号：233001471633
发票号码：02156421

开票日期：2014 年 10 月 14 日　　行业分类：旅店业

纳税人识别号：330401587788094	机打号码：02156421
机器编号：	税控防伪码：8338 6351 9208 2886 0218
付款户名：绵阳华远电子科技有限公司	付款方式：信用卡

房号	到店时间	离店时间	天数	人数	单价	金额
806	2014.10.11	2014.10.13	3.0	1	300	900.00

合计人民币（大写）：玖佰元整　　　　　　　　　　¥900.00

备注：

开票人：　　　收款人：姚玉瑾　　收款单位盖章　　手写无效

第一联 发票联 付款方记账凭证（手开无效）

（1）填写差旅费报销单。

（2）收到陈强退回预借差旅费余款，开具收据。

（3）编制记账凭证。

4. 2014 年 10 月 15 日，办公室秘书王大海报销办公用品费

四川省绵阳市国家税务局通用机打发票

发票代号：151071413004
发票号码：00236505

开票日期：2014 年 10 月 15 日　　行业分类：

交款单位：绵阳华远电子科技有限公司	机打号码：00236505
	防伪码：1799 0715 6209 2720 7227

品名及规格	数量	单位	单价	金额
办公椅	5.00	把	100.00	500.00

合计人民币（大写）：伍佰元整　　　　　　　合计：500.00

收款单位：绵阳华新办公用品有限公司　　纳税人识别号：510790551026338

　　　　　　　　　　　　　　　　　　　机器编号：018310103852

收款人：何亮　　　　　　　　　　　　　开票人：王军

第二联 记账联（手开无效）

（1）填写费用报销单。

（2）编制记账凭证。

5. 2014年10月20日，四川华科电子科技有限公司购买单孔七圈磁盒600个，单价1.20元，共计720元，财务开出发票共计842.4元（含增值税），经出纳清点并收取现金：100元8张、20元2张、1元2张、1角4张

5100133140　　　　　四川增值税专用发票　　　　　No. 388990200

开票日期：2014年9月16日

购货单位	名 称	四川华科电子科技有限公司	密码区	03+319<*78-2>59*13712	加密版本：01
	纳税人识别号	510700729812978		34-8<53/534678<4>89/<	1100121140
	地址、电话	四川省绵阳市涪城区红星街188号		1-9/<+5+1-2<*806>*-+1	02000713
	开户行及账号	工行绵阳市涪城区支行 240101040002467		*2021>3944122<2>>>43	

货物或应税劳务名称	规格型号	单位	数量	单价	金额	税率	税额
单孔七圈磁盒	Z450	个	600	1.2	720.00	17%	122.40
合计					¥720.00		¥122.40
价税合计（大写）	人民币捌佰肆拾贰元肆角整				（小写）	¥842.40	

销货单位	名 称	绵阳华远电子科技有限公司	备注	
	纳税人识别号	510793769970265		
	地址、电话	四川省绵阳市游仙区金菊街8号		
	开户行及账号	中国工商银行绵阳分行剑南支行 2308412319022115326		

第一联 记账联 销货方记账凭证

收款人：雷玲　　复核：李林　　开票人：陈强　　销货单位：（章）

（1）填写现金交款凭条，将现金送存银行。

（2）编制记账凭证。

项目三　银行结算业务

结算业务是指企业由于商品交易、劳务提供及其他经济业务往来引起的货币收付业务行为。

根据中国人民银行有关支付结算办法规定，目前企业发生的货币资金收付业务，可以采用支票、银行本票、银行汇票、商业汇票、托收承付、委托收款、汇兑、信用卡等方式，通过银行办理转账结算。

任务一　支票结算

支票是由出票人签发，委托办理支票存款业务的银行或其他金融机构在见票时无条件支付确定的金额给收款人或持票人的票据。支票一经签发，应由出票人无条件付款。

按照支付票款的方式，支票分为现金支票、转账支票和普通支票。

支票上印有"现金"字样的为现金支票，现金支票只能用于支取现金。支票上印有"转账"字样的为转账支票，转账支票只能用于转账。支票上未印有"现金"或"转账"字样的为普通支票，普通支票可以用于支取现金，也可用于转账。在普通支票左上角画两条平行线的为画线支票，画线支票只能用于转账，不得支取现金。

支票的签发。空白支票由出纳员保管签发，但印鉴必须另由人保管，实行票、章分管。

（1）支票签发时，必须用碳素笔填写，收款单位名称、签发日期、大小写金额及用途一律不得涂改。

（2）支票出票日期必须大写，在填写日、月时，月为壹、贰和壹拾的以及日为壹到玖和壹拾、贰拾和叁拾的，应在其前面加"零"，日为拾壹至拾玖的应在前面加"壹"。

（3）加盖银行预留印鉴必须清晰，带密码支票要核清密码号。

（4）支票均为一联，填制无误后沿虚线撕开，持正本向银行办理结算，存根联作为企业记账的依据。

（5）签发支票错误时不得撕毁，应加盖"作废"戳记。连同存根一起妥善保存，并在支票使用簿上注明作废。

（6）单位凭现金支票正本提取现金时，须在现金支票背面背书，即加盖收款人公章或个人名章、本人身份证号码。已签发的转账支票正本交给采购员或收款人。

（7）签发支票必须在银行账户余额内按规定向收款人签发，不准签发空头、远期支票，不准出租支票或将支票转让其他单位和个人使用，不准将支票交收款单位代签。

（一）现金支票结算

现金支票票样：

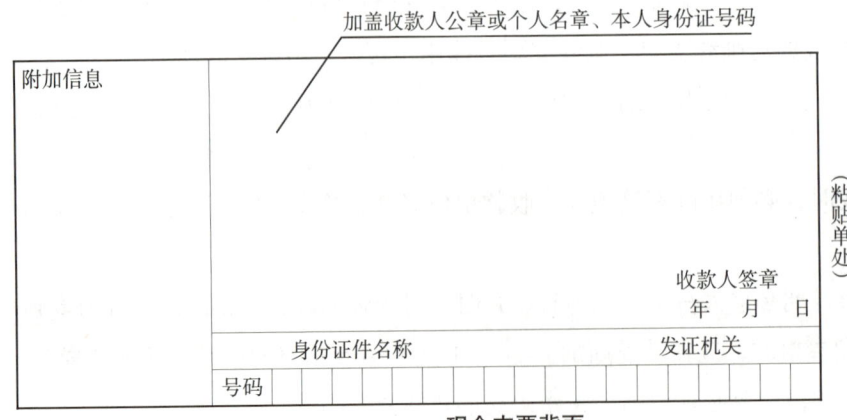

项目三　银行结算业务

业务一：2014年11月5日，绵阳华远电子科技有限公司签发现金支票一张，金额为3500元。

1. 出纳填写支票领用簿、领取现金支票

支票领用簿

单位：绵阳华远电子科技有限公司					支票种类：现金支票				
开户行：中国工商银行绵阳剑南支行					账号：2308412319022115326				
起止号码：1030511206479171-10305112064791790					购票日期：				
序号	日期	号码	用途	金额	开票人	收款人		领票人	备注
1	9.3	1030511206479171	提现	5000.00	雷玲	绵阳华远电子科技有限公司		雷玲	
2	11.5	1030511206479172	提现	3500.00	雷玲	绵阳华远电子科技有限公司		雷玲	
3									
4									

2. 出纳填写现金支票并背书，到银行提取现金

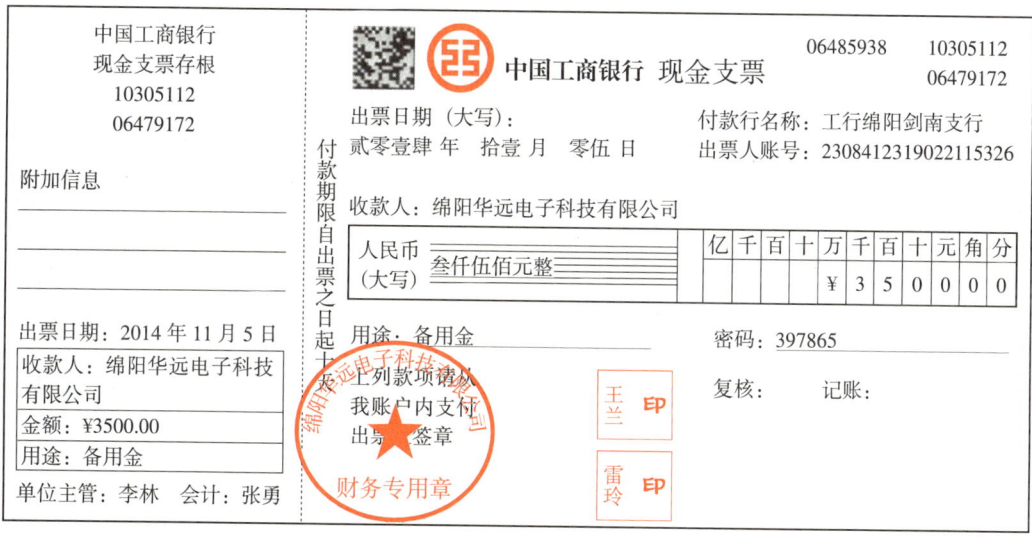

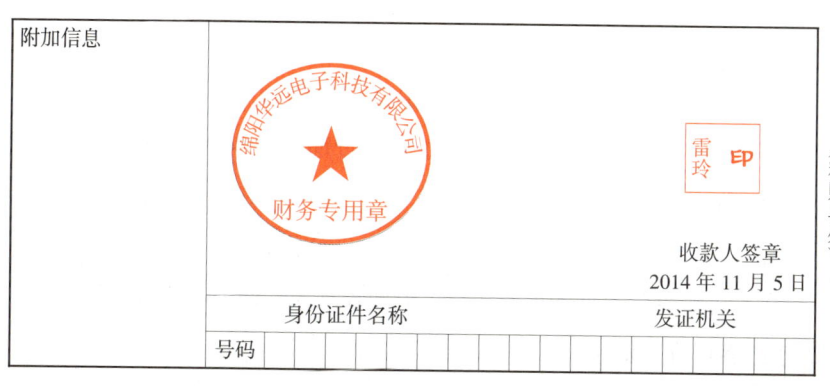

根据《中华人民共和国票据法》等法律法规的规定，签发空头支票由中国人民银行处以票面金额5%但不低于1000元的罚款。

3. 会计根据现金支票存根编制记账凭证

```
            中国工商银行
            现金支票存根
            10305112
            06479172

附加信息
_____
_____
_____

出票日期：2014 年 11 月 5 日
收款人：绵阳华远电子科技有限公司
金额：¥3500.00
用途：备用金
单位主管：李林        会计：张勇
```

付 款 凭 证

贷方科目：银行存款　　　　2014 年 11 月 5 日　　　　付字第 1 号

摘 要	借方总账科目	明细科目	记账符号	金 额 千百十万千百十元角分
提取备用金	库存现金			3 5 0 0 0 0
合 计				¥ 3 5 0 0 0 0

附单据 1 张

财务主管：李林　　　记账：　　　出纳：雷玲　　　审核：　　　制单：张勇

（二）转账支票结算

转账支票结算程序：

1. 由付款人签发，交收款人办理转账结算程序

（1）付款人按应支付的款项签发转账支票并加盖银行预留印鉴后，交给收款人。

（2）收款人审查无误后，应作委托收款背书，在支票背面"背书人签章"栏签章，记载"委托收款"字样、背书日期，在"被背书人"栏记载开户银行名称，并将支票和填制的"进账单"一并交其开户银行办理转账。

（3）银行受理后，在"进账单"上加盖银行印章，退回收款人，作为收款入账的凭据。

（4）银行之间传递支票并清算资金。

2. 由付款人签发，委托开户银行办理转账结算程序

（1）付款人按应支付的款项签发转账支票加盖银行预留印鉴，并填制"进账单"后，直接交其开户银行，要求转账。

（2）付款人开户银行受理后，退回"进账单"回单联（第一联），然后将款项划转收款人开户银行。

（3）银行之间传递凭证，并办理划转手续。

（4）收款人开户银行办妥进账手续后，通知收款人收款入账。

转账支票图样：

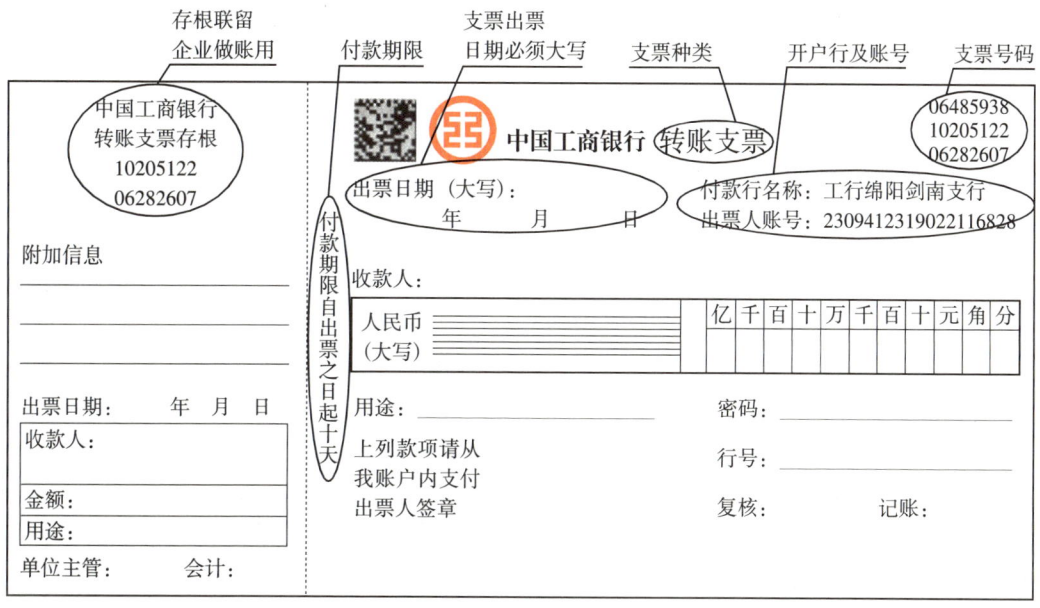

转账支票正面

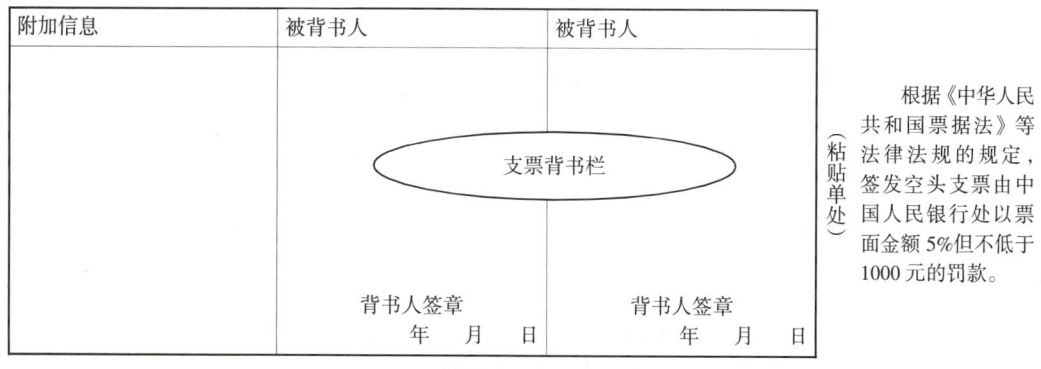

转账支票背面

业务二：2014年11月7日，绵阳华远电子科技有限公司签发转账支票一张给绵阳海瑞电子有限责任公司用于支付材料款。

出纳岗位实训

四川增值税专用发票 (第二联 抵扣联 购货方抵扣凭证)

5100133140　　No.029905655
开票日期：2014 年 11 月 7 日

购货单位	名　称	绵阳华远电子科技有限公司	密码区	02+913<*87-1>59*14713	加密版本：01
	纳税人识别号	510793769970265		44-8<45/259564<4>92/<	1100121140
	地址、电话	绵阳市金菊街 8 号　0816-6732169		2-9/<+5+1-2<*806>*-+0	02000713
	开户行及账号	中国工商银行绵阳剑南支行 2308412319022115326		*1021><1553922<3>>>52	

货物或应税劳务名称	规格型号	单位	数量	单价	金额	税率	税额
1701 盒子		个	20000	0.18	3600.00	17%	612.00
1702 盒子		个	20000	0.20	4000.00	17%	680.00
合　计					￥7600.00		￥1292.00
价税合计（大写）	人民币捌仟捌佰玖拾贰元整			（小写）	￥8892.00		

销货单位	名　称	绵阳海瑞电子有限责任公司	备注
	纳税人识别号	5109354569266352	
	地址、电话	绵阳市桃园路 32 号　0816-3982656	
	开户行及账号	绵阳市商业银行 02010140100000602	

收款人：　　复核：　　开票人：王芳　　销货单位：（章）

四川增值税专用发票 (第三联 发票联 购货方记账凭证)

5100133140　　No.02990565
开票日期：2014 年 11 月 7 日

购货单位	名　称	绵阳华远电子科技有限公司	密码区	02+913<*87-1>59*14713	加密版本：01
	纳税人识别号	510793769970265		44-8<45/259564<4>92/<	1100121140
	地址、电话	绵阳市金菊街 8 号　0816-6732169		2-9/<+5+1-2<*806>*-+0	02000713
	开户行及账号	中国工商银行绵阳剑南支行 2308412319022115326		*1021><1553922<3>>>52	

货物或应税劳务名称	规格型号	单位	数量	单价	金额	税率	税额
1701 盒子		个	2000	0.18	3600.00	17%	612.00
1702 盒子		个	1000	0.20	4000.00	17%	640.00
合　计					￥7600.00		￥1292.00
价税合计（大写）	人民币捌仟捌佰玖拾贰元整			（小写）	￥8892.00		

销货单位	名　称	绵阳海瑞电子有限责任公司	备注
	纳税人识别号	5109354569266352	
	地址、电话	绵阳市桃园路 32 号　0816-3982656	
	开户行及账号	绵阳市商业银行 02010140100000602	

收款人：　　复核：　　开票人：王芳　　销货单位：（章）

1. 出纳填写支票领用簿，领取转账支票

支票领用簿

单位：绵阳华远电子科技有限公司					支票种类：转账支票				
开户行：中国工商银行绵阳剑南支行					账号：2308412319022115326				
起止号码：1020512206282601–1020512206282625					购票日期：				
序号	日期	号码	用途	金额	开票人	收款人	领票人	备注	
1	11.7	1020512206282601	付购料款	8892.00	雷玲	绵阳海瑞电子有限责任公司	雷玲		
2									
3									
4									

2. 出纳填写"转账支票"，将支票正文交给绵阳海瑞电子有限责任公司

中国工商银行 转账支票存根
10205122
06282601

附加信息：

出票日期：2014年11月7日
收款人：绵阳海瑞电子有限责任公司
金额：¥8892.00
用途：购材料
单位主管：李林　会计：张勇

中国工商银行 转账支票

06485938
10205122
06282601

出票日期（大写）：贰零壹肆 年 拾壹 月 零柒 日
收款人：绵阳海瑞电子有限责任公司
人民币（大写）：捌仟捌佰玖拾贰元整
￥8892.00
用途：购材料
付款行名称：工行绵阳剑南支行
出票人账号：2308412319022115326
密码：4678007
行号：102659041213
复核：　　记账：

付款期限自出票之日起十天
上列款项请从我账户内支付
出票人签章：（绵阳华远电子科技有限公司 财务专用章）
王兰 印
雷玲 印

附加信息	被背书人	被背书人
	背书人签章 年　月　日	背书人签章 年　月　日

（粘贴单处）

根据《中华人民共和国票据法》等法律法规的规定，签发空头支票由中国人民银行处以票面金额5%但不低于1000元的罚款。

3. 会计根据增值税发票第三联（记账联）、转账支票存根编制记账凭证

```
中国工商银行
转账支票存根
10205122
06282601

附加信息
_____
_____
_____

出票日期：2014 年 11 月 7 日
收款人：绵阳海瑞电子有限责任公司
金额：¥8892.00
用途：购材料
单位主管：李林    会计：张勇
```

付 款 凭 证

贷方科目：银行存款　　　　　　2014 年 11 月 7 日　　　　　　付字第 2 号

摘　要	借方总账科目	明细科目	记账符号	金　额										
				千	百	十	万	千	百	十	元	角	分	
支付材料款	在途物资						7	6	0	0	0	0		附单据 2 张
	应交税费	应交增值税（进项税额）						1	2	9	2	0	0	
合　计							¥	8	8	9	2	0	0	

财务主管：李林　　　记账：　　　出纳：雷玲　　　审核：　　　制单：张勇

业务三：2014年11月8日，收到转账支票一张。

1. 出纳收到转账支票、背书

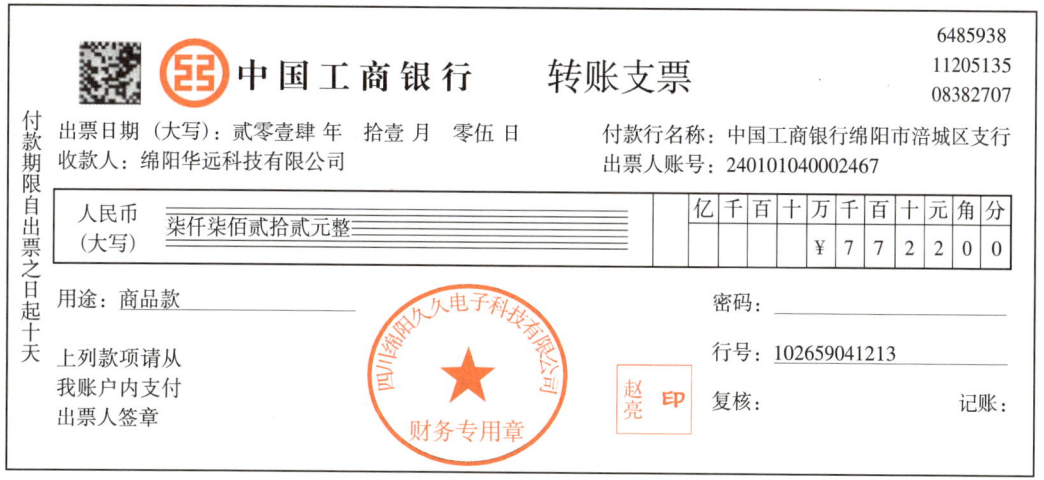

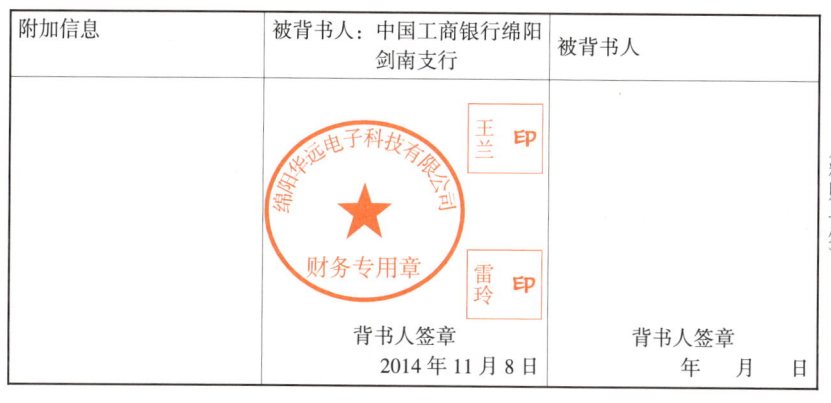

2. 出纳填制"进账单"（一式三联），连同转账支票交与银行办理收款业务

银行进账单是持票人或收款人将票据款项存入收款人在银行账户的凭证，也是银行将票据款项记入收款人账户的凭证。银行进账单分为三联式银行进账单和二联式银行进账单，不同的持票人应按照规定使用不同的银行进账单。持票人填写银行进账单时，必须清楚地填写票据种类、票据张数、收款人名称、收款人开户银行及账号、付款人名称、付款人开户银行及账号、票据金额等栏目，并连同相关票据一并交给银行经办人员，对于二联式银行进账单，银行受理后，应在第一联上加盖转讫章并退给持票人，持票人凭以记账。把支票存入银行后，支票就留在银行了，但银行会给企业出具进账单，企业凭进账单来记账，说明支票上的款项已划到企业的银行账号。

ICBC 中国工商银行

进账单（贷方凭证） 1

2014 年 11 月 8 日

出票人	全 称	四川绵阳久久电子科技有限公司	收款人	全 称	绵阳华远电子科技有限公司
	账 号	240101040002467		账 号	2308412319022115326
	开户银行	中国工商银行绵阳市涪城区支行		开户银行	中国工商银行绵阳剑南支行

金额	人民币（大写）	柒仟柒佰贰拾贰元整	亿 千 百 十 万 千 百 十 元 角 分
			￥ 7 7 2 2 0 0

票据种类	转账支票	票据张数	1
票据号码	64859381120513508382707		

备注：

复核：　　　　　记账：

此联汇出行凭以汇出汇款

ICBC 中国工商银行

进账单（回　单） 2

2014 年 11 月 8 日

出票人	全 称	四川绵阳久久电子科技有限公司	收款人	全 称	绵阳华远电子科技有限公司
	账 号	240101040002467		账 号	2308412319022115326
	开户银行	中国工商银行绵阳市涪城区支行		开户银行	中国工商银行绵阳剑南支行

金额	人民币（大写）	柒仟柒佰贰拾贰元整	亿 千 百 十 万 千 百 十 元 角 分
			￥ 7 7 2 2 0 0

票据种类	转账支票	票据张数	1
票据号码	64859381120513508382707		

复核：　　　　　记账：　　　　　　　　　开户银行签章

此联是开户银行交给持（出）票人的回单

ICBC 中国工商银行

进账单（收账通知）3

2014 年 11 月 8 日

出票人	全 称	四川绵阳久久电子科技有限公司	收款人	全 称	绵阳华远电子科技有限公司
	账 号	240101040002467		账 号	2308412319022115326
	开户银行	中国工商银行绵阳市涪城区支行		开户银行	中国工商银行绵阳剑南支行

金额	人民币（大写）	柒仟柒佰贰拾贰元整	亿	千	百	十	万	千	百	十	元	角	分
							¥	7	7	2	2	0	0

票据种类	转账支票	票据张数	1
票据号码	64859381120513508382707		

复核：　　　　记账：　　　　　　　　　　　　　　　　收款人开户银行签章

此联是收款人开户银行交给收款人的收账通知

3. 取得进账单 2（回单）

ICBC 中国工商银行

进账单（回　单）2

2014 年 11 月 8 日

出票人	全 称	四川绵阳久久电子科技有限公司	收款人	全 称	绵阳华远电子科技有限公司
	账 号	240101040002467		账 号	2308412319022115326
	开户银行	中国工商银行绵阳市涪城区支行		开户银行	中国工商银行绵阳剑南支行

金额	人民币（大写）	柒仟柒佰贰拾贰元整	亿	千	百	十	万	千	百	十	元	角	分
							¥	7	7	2	2	0	0

票据种类	转账支票	票据张数	1
票据号码	64859381120513508382707		

中国工商银行
绵阳剑南支行
业务章

李艳

复核：　　　　记账：　　　　　　　　　　　　　　　　开户银行签章

此联是开户银行交给持（出）票人的回单

4. 2014年11月10日收到银行收款通知单（进账单3）或出纳到开户银行打印业务回单

现在银行对转账结算业务一般不传递单据，对于银行收付款业务的发生由出纳到银行自助打印业务回单。

ICBC 中国工商银行　进账单（收账通知）3

2014 年 11 月 8 日

出票人	全称	四川绵阳久久电子科技有限公司	收款人	全称	绵阳华远电子科技有限公司
	账号	240101040002467		账号	2308412319022115326
	开户银行	中国工商银行绵阳涪城区支行		开户银行	中国工商银行绵阳剑南支行

金额	人民币（大写）	柒仟柒佰贰拾贰元整	亿	千	百	十	万	千	百	十	元	角	分
							¥	7	7	2	2	0	0

票据种类	转账支票	票据张数	1
票据号码			

中国工商银行绵阳剑南支行 转讫

李艳

复核：　　记账：　　　　　　　　　　　　收款人开户银行签章

此联是收款人开户银行交给收款人的收账通知

ICBC 中国工商银行　业务回单（收款）凭证

日期：2014 年 11 月 8 日　　　　回单编号：15061000002

付款人户名：四川绵阳久久电子科技有限公司	付款人开户行：
付款人账号（卡号）：240101040002467	收款人开户行：绵阳剑南支行
收款人户名：绵阳华远电子科技有限公司	
收款人账号（卡号）：2308412319022115326	
金额：柒仟柒佰贰拾贰元整	小写：¥7722.00
业务（产品）种类：转账	凭证种类：000000000	凭证号码：0000000000000000
摘要：	用途：	币种：人民币
交易机构：0230800055	记账柜员：02763	交易代码：02713	渠道：
汇划种类：转账支票	客户附言：	用途：	

中国工商银行绵阳剑南支行 自动回单机专用章（002）

本回单为第 1 次打印，注意重复　　打印时间：2014 年 11 月 10 日　　打印柜员：9　　验证码：D9198D73C006

5. 会计根据增值税发票第一联（记账联）、业务回单或进账单（收账通知）编制记账凭证

四川增值税专用发票

5100133140　　　　　　　　　　　　　　　　　　　　　No. 38990201

开票日期：2014 年 11 月 8 日

购货单位	名　称	四川绵阳久久电子科技有限公司	密码区	03+319<*78-2>59*13712 34-8<53/534678<4>89/< 1-9/<+5+1-2<*806>*-+1 *2021>3944122<2>>>43		
	纳税人识别号	510700729812978				
	地址、电话	四川省绵阳市涪城区红星街 188 号 0816-2266875				
	开户行及账号	工行绵阳市涪城区支行 240101040002467				
货物或应税劳务名称	规格型号	单位	数量	单价	金额	税率	税额
单孔七圈磁盒		个	2500	1.2	3000.00	17%	510.00
双孔十圈磁盒		个	2000	1.80	3600.00	17%	612.00
合　计					¥6600.00		¥1122.00
价税合计（大写）	人民币柒仟柒佰贰拾贰元整				（小写）	¥7722.00	
销货单位	名　称	绵阳华远电子科技有限公司	备注			
	纳税人识别号	510793769970265					
	地址、电话	绵阳市金菊街 8 号　0816-6732169					
	开户行及账号	工行绵阳剑南支行 2308412319022115326					

收款人：　　　复核：　　　开票人：陈强　　　销货单位：（章）

第一联 记账联 销货方记账凭证

收 款 凭 证

借方科目：<u>银行存款</u>　　　2014 年 11 月 10 日　　　收字第 1 号

摘　要	贷方总账科目	明细科目	记账符号	金　额								
				千	百	十	万	千	百	十	元	角	分
销售产品收到货款存入银行	主营业务收入							6	6	0	0	0	0
	应交税费	应交增值税（销项税额）						1	1	2	2	0	0
合　计								¥	7	7	2	2	0	0

附单据 2 张

财务主管：李林　　　记账：　　　出纳：雷玲　　　审核：　　　制单：张勇

业务四：2014 年 11 月 11 日，绵阳华远电子科技有限公司签发转账支票一张给四川松田电子有限责任公司用于支付材料款。

出纳岗位实训

四川增值税专用发票（第二联 抵扣联 购货方抵扣凭证）

5100133140　　No.08692372　　开票日期：2014 年 11 月 11 日

购货单位	名称	绵阳华远电子科技有限公司	密码区	03+8233<*87-1>59*14735	加密版本：01
	纳税人识别号	510793769970265		34-8<45/259564<4>92/<	1100121140
	地址、电话	绵阳市金菊街8号　0816-6732169		2-9/<+5+1-2<*806>*-+0	
	开户行及账号	中国工商银行绵阳剑南支行 2308412319022115326		*1021><1543922<3>>>56	02000713

货物或应税劳务名称	规格型号	单位	数量	单价	金额	税率	税额
POE 磁芯		个	20000	0.12	2400.00	17%	408.00
POE 磁环		个	15000	0.15	2250.00	17%	382.50
合　计					¥4650.00		¥790.50
价税合计（大写）	人民币伍仟肆佰肆拾元伍角整				（小写）　¥5440.50		

销货单位	名称	四川松田电子有限责任公司	备注	
	纳税人识别号	5103797683701647		
	地址、电话	绵阳市剑南路26号　0816-2675806		
	开户行及账号	中国建设银行绵阳剑南路支行 51001658638051500806		

收款人：　　复核：　　开票人：王芳　　销货单位：（章）

四川增值税专用发票（第三联 发票联 购货方记账凭证）

5100133140　　No.08692372　　开票日期：2014 年 11 月 11 日

购货单位	名称	绵阳华远电子科技有限公司	密码区	03+8233<*87-1>59*14735	加密版本：01
	纳税人识别号	510793769970265		34-8<45/259564<4>92/<	1100121140
	地址、电话	绵阳市金菊街8号　0816-6732169		2-9/<+5+1-2<*806>*-+0	
	开户行及账号	中国工商银行绵阳剑南支行 2308412319022115326		*1021><1543922<3>>>56	02000713

货物或应税劳务名称	规格型号	单位	数量	单价	金额	税率	税额
POE 磁芯		个	20000	0.12	2400.00	17%	408.00
POE 磁环		个	15000	0.15	2250.00	17%	382.50
合　计					¥4650.00		¥790.50
价税合计（大写）	人民币伍仟肆佰肆拾元伍角整				（小写）　¥5440.50		

销货单位	名称	四川松田电子有限责任公司	备注
	纳税人识别号	5103797683701647	
	地址、电话	绵阳市剑南路26号　0816-2675806	
	开户行及账号	中国建设银行绵阳剑南路支行 51001658638051500806	

收款人：　　复核：　　开票人：王芳　　销货单位：（章）

1. 领取支票（填写支票领用簿）

支票领用簿

单位：绵阳华远电子科技有限公司							支票种类：转账支票		
开户行：中国工商银行绵阳剑南支行							账号：2308412319022115326		
起止号码：1020512206282601-1020512206282625							购票日期：		
序号	日期	号码	用途	金额	开票人	收款人		领票人	备注
1	11.7	1020512206282601	付购料款	8892.00	雷玲	绵阳海瑞电子有限责任公司		雷玲	
2	11.11	1020512206282602	付购料款	5440.50	雷玲	四川松田电子有限公司		雷玲	
3									
4									

2. 出纳填写转账支票

中国工商银行 转账支票存根 10205122 06282602	中国工商银行 转账支票　06485938　10205122　06282602
附加信息 _____ _____ _____ 出票日期：2014年11月11日 收款人：四川松田电子有限责任公司 金额：¥5440.50 用途：购材料 单位主管：李林　会计：张勇	出票日期（大写）：贰零壹肆 年 拾壹 月 壹拾壹 日 付款行名称：中国工商银行绵阳剑南支行 收款人：绵阳海瑞电子有限责任公司 出票人账号：2308412319022115326 人民币（大写）：伍仟肆佰肆拾元伍角整　￥5440.50 用途：购材料　密码：4678007 上列款项请从我账户内支付　行号：102659041213 出票人签章（绵阳华远电子科技有限公司 财务专用章） 复核：王兰(印)　记账：雷玲(印)

付款期限自出票之日起十天

3. 出纳填写进账单(一式三联)

ICBC 中国工商银行　　　　　进账单(贷方凭证) **1**

2014 年 11 月 11 日

出票人	全称	绵阳华远电子科技有限公司	收款人	全称	四川松田电子有限责任公司
	账号	2308412319022115326		账号	51001658638051500806
	开户银行	中国工商银行绵阳剑南支行		开户银行	中国建设银行绵阳剑南路支行

金额	人民币(大写)	伍仟肆佰肆拾元伍角整	亿	千	百	十	万	千	百	十	元	角	分
							¥	5	4	4	0	5	0

票据种类	转账支票	票据张数	1
票据号码	1020512206282602		

备注:

复核:　　　　记账:

此联汇出行凭以汇出汇款

ICBC 中国工商银行　　　　　进账单(回 单) **2**

2014 年 11 月 11 日

出票人	全称	绵阳华远电子科技有限公司	收款人	全称	四川松田电子有限责任公司
	账号	2308412319022115326		账号	51001658638051500806
	开户银行	中国工商银行绵阳剑南支行		开户银行	中国建设银行绵阳剑南路支行

金额	人民币(大写)	伍仟肆佰肆拾元伍角整	亿	千	百	十	万	千	百	十	元	角	分
							¥	5	4	4	0	5	0

票据种类	转账支票	票据张数	1
票据号码	1020512206282602		

备注:

复核:　　　　记账:　　　　　　　　　　　开户银行签章

此联是开户银行交给持(出)票人的回单

进账单（收账通知）3

中国工商银行 ICBC

2014 年 11 月 11 日

出票人	全 称	绵阳华远电子科技有限公司	收款人	全 称	四川松田电子有限责任公司
	账 号	2308412319022115326		账 号	51001658638051500806
	开户银行	中国工商银行绵阳剑南支行		开户银行	中国建设银行绵阳剑南路支行
金额	人民币（大写）	伍仟肆佰肆拾元伍角整		亿千百十万千百十元角分	¥ 5 4 4 0 5 0
	票据种类	转账支票	票据张数	1	
	票据号码	1020512206282602			

复核：　　　记账：　　　　　　　　　　收款人开户银行签章

此联是收款人开户银行交给收款人的收账通知

4. 出纳将转账支票及进账单交给银行办理转账，取得进账单 2（回单）

进账单（回单）2

中国工商银行 ICBC

2014 年 11 月 11 日

出票人	全 称	绵阳华远电子科技有限公司	收款人	全 称	四川松田电子有限责任公司
	账 号	2308412319022115326		账 号	51001658638051500806
	开户银行	中国工商银行绵阳剑南支行		开户银行	中国建设银行绵阳剑南路支行
金额	人民币（大写）	伍仟肆佰肆拾元伍角整		亿千百十万千百十元角分	¥ 5 4 4 0 5 0
	票据种类	转账支票	票据张数	1	
	票据号码	010624085519232			
备注：					中国工商银行绵阳剑南支行 业务章　　徐洪胜

复核：　　　记账：　　　　　　　　　　开户银行签章

此联是开户银行交给持（出）票人的回单

5. 会计根据增值税发票第三联（记账联）、转账支票存根、进账单2（回单）编制记账凭证

付 款 凭 证

贷方科目：银行存款　　　　　　2014年11月12日　　　　　　付字第3号

摘　要	借方总账科目	明细科目	记账符号	金　额　千百十万千百十元角分
开出转账支票支付材料款	在途物资			4 6 5 0 0 0
	应交税费	应交增值税（进项税额）		7 9 0 5 0
合　计				￥5 4 4 0 5 0

附单据 3 张

财务主管：李林　　　记账：　　　　出纳：雷玲　　　审核：　　　　制单：张勇

6. 2014年11月13日打印业务回单（银行已付款）

ICBC 中国工商银行　　　　业务回单 凭证（付款）

日期：2014年11月12日　　　　回单编号：15061000002

付款人户名：绵阳华远电子科技有限公司	付款人开户行：
付款人账号（卡号）：2308412319022115326	收款人开户行：中国建设银行绵阳剑南路支行
收款人户名：四川松田电子有限责任公司	
收款人账号（卡号）：5100168638051500806	
金额：伍仟肆佰肆拾元伍角整	小写：￥5440.50
业务（产品）种类：转账　　凭证种类：000000000	凭证号码：00000000000000000
摘要：　　　　用途：	币种：人民币
交易机构：0230800055　记账柜号：02763　交易代码：02713	渠道：
汇划种类：转账支票　客户附言：　　用途：	
本回单为第1次打印，注意重复　　打印时间：2014年11月13日　　打印柜员：9　　验证码：D9198D73C006	

（中国建设银行绵阳剑南路支行 自动回单机专用章）

任务二　银行汇票结算

银行汇票是由出票银行签发的，在见票时按照实际结算金额无条件支付给收款人或者持票人的票据。单位、个体经济户和个人需要在进行商品交易、劳务供应和其他经济活动及债权、债务等各种款项的结算时，均可以使用银行汇票。这是目前广泛使用的一种异地结算方式。

银行汇票的提示付款期限自出票之日起1个月。银行汇票可以用于转账，填明"现金"字样的银行汇票也可以支取现金。

签发现金银行汇票，申请人和收款人须为个人。银行汇票可以背书转让，但填明"现金"字样的银行汇票不得背书转让。

银行汇票的签发必须记载下列事项：①表明"银行汇票"的字样；②无条件支付的承诺；③出票金额；④付款人名称；⑤收款人名称；⑥出票日期；⑦出票人签章。

银行汇票上未记载上述事项之一的，银行汇票无效。

银行汇票一式四联，第一联卡片为出票行结清汇票时作汇出借方凭证；第二联银行汇票为代理付款行付款后作联行往来账借方凭证附件；第三联解讫通知为代理付款行兑付后随报单寄出票行作多余款贷方凭证；第四联多余款收账通知，出票行结清多余款后交申请人。

收款人受理银行汇票的注意事项：收款人受理申请人交付的银行汇票时，应在出票金额以内，根据实际需要的款项办理结算，并将实际结算金额和多余金额准确、清晰地填入银行汇票和解讫通知的有关栏内。未填明实际结算金额和多余金额或实际结算金额超过出票金额的，银行不予受理。银行汇票的实际金额不得更改，更改实际结算金额的银行汇票无效。

银行汇票填制图样：

```
                    出票日期必须大写      票据名称              此多余金额加上实际结算
                                                              金额应等于出票金额
  付款期限                 中国工商银行                        00000000
  一个月                   银行汇票              2            00000000
  出票日期                           代理付款行：
  （大写）：    年   月   日        行  号：

  收款人：成都红星公司
  出票金额人民币（大写）：陆万元整
  实际结算金额人民币（大写）：伍万捌仟玖佰陆拾捌元整  千百十万千百十元角分
                                                    ¥ 5 8 9 6 8 0 0
  申请人：             账号：
  出票行：             密押：
  行 号：                     多余金额
  备 注：              亿千万十万千百十元角分
  凭票付款：
  出票行签章：                              复核：   记账：
```

业务一：2014 年 11 月 10 日，绵阳华远电子科技有限公司采用银行汇票结算方式向成都红星公司采购一批材料。

（1）出纳到开户银行办理金额为 80000 元的银行汇票。填写"银行汇票申请书"（一式三联）。

中国工商银行汇票申请书（存根）　　**1**　第　号

申请日期：2014 年 11 月 10 日

申请人	绵阳华远电子科技有限公司	收款人	成都红星公司
账　号	2308412319022115326	账　号	2308412319067355968
用　途	购材料	代理付款行	中国工商银行成都金牛区支行
汇票金额	人民币（大写）　捌万元整		千百十万千百十元角分 ¥ 8 0 0 0 0 0 0 0
备 注：		科　目： 对方科目： 财务主管：　　复核：　　经办：	

中国工商银行汇票申请书（借方凭证） **2** 第 号
申请日期：2014 年 11 月 10 日

申 请 人	绵阳华远电子科技有限公司	收 款 人	成都红星公司									
账 号	2308412319022115326	账 号	2308412319022115326									
用 途	购材料	代理付款行	中国工商银行成都金牛区支行									
汇票金额	人民币（大写） 捌万元整			千	百	十	万	千	百	十	元	角	分
							¥ 8	0	0	0	0	0	0
上列款项请从我账户内支付 申请人盖章：（盖章：绵阳华远电子科技有限公司 财务专用章）（王兰 印）（雷玲 印）		科目： 对方科目（贷）： 转账日期： 年 月 日 复核： 记账：											

● 此联出票行作汇出汇款贷方凭证

中国工商银行汇票申请书（借方凭证） **3** 第 号
申请日期：2014 年 11 月 10 日

申 请 人	绵阳华远电子科技有限公司	收 款 人	成都红星公司									
账 号	2308412319022115326	账 号	2308412319022115326									
用 途	购材料	代理付款行	中国工商银行成都金牛区支行									
汇票金额	人民币（大写） 捌万元整			千	百	十	万	千	百	十	元	角	分
							¥ 8	0	0	0	0	0	0
上列款项请从我账户内支付 申请人盖章：		科目： 对方科目（贷）： 转账日期： 年 月 日 复核： 记账：											

● 此联出票行作汇出汇款贷方凭证

（2）办理银行汇票（一式四联）。

付款期限 壹个月	中国工商银行 银行汇票（卡片） **1** 汇票号码 第 号									
出票日期（大写） 贰零壹肆年拾壹月壹拾日	代理付款行： 行 号：									

收款人：成都红星公司	账号：2308412319022115326								
出票金额人民币（大写）：捌万元整									
实际结算金额人民币（大写）：	千	百	十	万	千	百	十	元	角	分
申请人：绵阳华远电子科技有限公司	账号或住址：010223356								
出票行：0001000　　　行 号：	科目（借）： 对方科目（贷）： 销账日期： 年 月 日 复核： 记账：								
备 注：									
复 核：　　　　　　经 办：									

● 此联出票行结清汇票时作汇出汇款借方凭证

出纳岗位实训

付款期限 壹个月

中国工商银行
银行汇票　　2　　汇票号码　第　号

出票日期（大写）：贰零壹肆年拾壹月壹拾日
代理付款行：
行　号：

收款人：成都红星公司	账号：230841231906735968

出票金额人民币（大写）：捌万元整

实际结算金额人民币（大写）：	千	百	十	万	千	百	十	元	角	分

申请人：绵阳华远电子科技有限公司　　账号或住址：
出票行：＿＿＿＿＿　　行　号：＿＿＿＿＿
备　注：＿＿＿＿＿
凭票付款
出票行签章

多余金额　科目（借）：
　　　　　对方科目（贷）：
　　　　　兑付日期：　　年　月　日
　　　　　复核：　　　　记账：

● 此联代理付款行付款后作联行往来账借方凭证附件

付款期限 壹个月

中国工商银行
银行汇票（解讫通知）　　3　　汇票号码　第　号

出票日期（大写）：贰零壹肆年拾壹月壹拾日
代理付款行：
行　号：

收款人：成都红星公司	账号：230841231906735968

出票金额人民币（大写）：捌万元整

实际结算金额人民币（大写）：	千	百	十	万	千	百	十	元	角	分

申请人：绵阳华远电子科技有限公司　　账号或住址：
出票行：＿＿＿＿＿　　行　号：＿＿＿＿＿
备　注：＿＿＿＿＿
代理付款行盖章
复　核：　　　　经　办：

多余金额　科目（借）：
　　　　　对方科目（贷）：
　　　　　兑付日期：　　年　月　日
　　　　　复核：　　　　记账：

● 此联代理付款行付款后随报单寄出票行，由出票行作多余款贷方凭证

付款期限 壹个月

中国工商银行
银行汇票（多余款收账通知）　　4　　汇票号码　第　号

出票日期（大写）：贰零壹肆年拾壹月壹拾日
代理付款行：
行　号：

收款人：成都红星公司	账号：230841231906735968

出票金额人民币（大写）：捌万元整

实际结算金额人民币（大写）：	千	百	十	万	千	百	十	元	角	分

申请人：绵阳华远电子科技有限公司　　账号或住址：
出票行：＿＿＿＿＿　　行　号：＿＿＿＿＿
备　注：＿＿＿＿＿
凭票付款
出票行签章

多余金额　左列款项多余金额已收入你账户内
　　　　　财务主管：　　复核：　　经办：

● 此联出票行清算多余款后交申请人

（3）出纳取得银行汇票二、三联，会计根据银行汇票申请书1编制记账凭证。

中国工商银行汇票申请书 1

申请日期：2014 年 11 月 10 日　　　　　　　　第　号

申请人	绵阳华远电子科技有限公司	收款人	成都红星公司
账　号	230841231906735968	账　号	230841231906735968
用　途	购货	代理付款行	

汇票金额	人民币（大写）	捌万元整	千	百	十	万	千	百	十	元	角	分
						¥	8	0	0	0	0	0	0

备注：

中国工商银行绵阳剑南支行 转讫

王芳

付款期限　壹个月

中国工商银行
银行汇票（卡片） 2　　汇票号码　第　号

出票日期（大写）：贰零壹肆年拾壹月壹拾日　　　代理付款行：
　　　　　　　　　　　　　　　　　　　　　　　行　号：

收款人：成都红星公司	账号：230841231906735968

出票金额人民币（大写）：捌万元整

实际结算金额人民币（大写）：捌万元整	千	百	十	万	千	百	十	元	角	分
				¥	8	0	0	0	0	0	0

申请人：绵阳华远电子科技有限公司　　账号或住址：010223356
出票行：中国工商银行绵阳剑南支行
行　号：00001

密押：123456
多余金额

千	百	十	万	千	百	十	元	角	分

备　注：
凭据付款：

中国工商银行绵阳剑南支行汇票专用章　王芳

复核：　记账：

● 此联出票行作汇出汇款贷方凭证

付 款 凭 证

贷方科目：银行存款　　　2014 年 11 月 10 日　　　　付字第 4 号

摘　要	借方总账科目	明细科目	记账符号	金　额									附单据
				千	百	十	万	千	百	十	元	角	分
向银行申请开出银行汇票	其他货币资金	银行汇票存款				8	0	0	0	0	0	0	0	1张
合　计						¥	8	0	0	0	0	0	0

财务主管：李林　　记账：　　出纳：雷玲　　审核：　　制单：张勇

（4）2014年11月12日持银行汇票购入材料、银行汇票交与销货单位，取得增值税发票。

四川增值税专用发票

5100133140　　　　　　　　　　　　　　　　　　　　　No. 045689032
开票日期：2014 年 11 月 12 日

购货单位	名　　称	绵阳华远电子科技有限公司	密码区	06+813<*87-1>59*14654 74-8<45/289564<4>29/< 3-9/<+5+1-2<*806>*-+2 *3012><1553922<2>>>34	加密版本：01 1100121140 02000713
	纳税人识别号	510793769970265			
	地址、电话	绵阳市金菊街8号　0816-6732169			
	开户行及账号	中国工商银行绵阳剑南支行 2308412319022115326			

货物或应税劳务名称	规格型号	单位	数量	单价	金额	税率	税额
金线和蓝线		千克	80	800.00	64000.00	17%	10880.00
合　计					¥64000.00		¥10880.00
价税合计（大写）	人民币柒万肆仟捌佰捌拾元整				（小写）		¥74880.00

销货单位	名　　称	成都红星公司	备注	
	纳税人识别号	510902566524638		510902566524638 发票专用章
	地址、电话	成都市金牛区31号　028-88547896		
	开户行及账号	中国工商银行成都金牛区支行 2308412319067235968		

收款人：　　　　复核：　　　　开票人：许玲　　　　销货单位：（章）

第二联　抵扣联　购货方抵扣凭证

四川增值税专用发票

5100133140　　　　　　　　　　　　　　　　　　　　　No. 045689032
开票日期：2014 年 11 月 12 日

购货单位	名　　称	绵阳华远电子科技有限公司	密码区	06+813<*87-1>59*14654 74-8<45/289564<4>29/< 3-9/<+5+1-2<*806>*-+2 *3012><1553922<2>>>34	加密版本：01 1100121140 02000713
	纳税人识别号	510793769970265			
	地址、电话	绵阳市金菊街8号　0816-6732169			
	开户行及账号	中国工商银行绵阳剑南支行 2308412319022115326			

货物或应税劳务名称	规格型号	单位	数量	单价	金额	税率	税额
金线和蓝线		千克	80	800.00	64000.00	17%	10880.00
合　计					¥64000.00		¥10880.00
价税合计（大写）	人民币柒万肆仟捌佰捌拾元整				（小写）		¥74880.00

销货单位	名　　称	成都红星公司	备注	
	纳税人识别号	510902566524638		510902566524638 发票专用章
	地址、电话	成都市金牛区31号　028-88547896		
	开户行及账号	中国工商银行成都金牛区支行 2308412319067235968		

收款人：　　　　复核：　　　　开票人：许玲　　　　销货单位：（章）

第三联　发票联　购货方记账凭证

（5）根据增值税发票第三联编制记账凭证。

转 账 凭 证

2014 年 11 月 12 日　　　　　　　　　　　转字第 1 号

摘　要	总账科目	明细科目	借方金额 亿千百十万千百十元角分	贷方金额 亿千百十万千百十元角分	√
购入材料、以银行本票结算	在途物资		6 4 0 0 0 0 0		□
	应交税费	应交增值税（进项税额）	1 0 8 8 0 0 0		□
	其他货币资金	银行本票存款		7 4 8 8 0 0 0	□
					□
					□
					□
	合　计		￥7 4 8 8 0 0 0	￥7 4 8 8 0 0 0	□

附单据 2 张

会计主管：李林　　　记账：张勇　　　出纳：　　　　复核：李林　　　制单：张勇

（6）2014 年 11 月 15 日收到银行汇票结算尾款入账（出纳打印业务回单或收到银行汇票 4）。

付款期限 壹个月	中国工商银行 银行汇票（多余款收账通知）	**4**	汇票号码　第　号								
出票日期（大写）	贰零壹肆年拾壹月壹拾伍日	代理付款行： 行　号：									
收款人：成都红星公司		账号：230841231906735968									
出票金额人民币（大写）：捌万元整											
实际结算金额人民币（大写）：柒万肆仟捌佰捌拾元整		千百十万千百十元角分 　　　￥7 4 8 8 0 0 0									
申请人：绵阳华远电子科技有限公司		账号或住址：									
出票行：_____　行　号：_____		多余金额	左列款项多余金额已收入你账户内								
备注：_____		千百十万千百十元角分 ￥5 1 2 0 0 0	中国工商银行 绵阳剑南支行								
凭据付款											
出票行签章			财务主管：　复核：　经办：张红 转讫								

● 此联出票行作汇出汇款贷方凭证

出纳打印业务回单：

ICBC 中国工商银行

凭证
业务回单（收款）

日期：2015年3月2日　　　　回单编号：15061000002

付款人户名：绵阳华远电子科技有限公司	付款人开户行：中国工商银行绵阳剑南支行
付款人账号（卡号）：2308412319022115326	收款人开户行：中国工商银行成都金牛区支行
收款人户名：成都红星公司	
收款人账号（卡号）：2308412319067 35968	
金额：伍仟壹佰贰拾元整	小写：¥5120.00
业务（产品）种类：转账　　凭证种类：000000000	凭证号码：00000000000000000
摘要：　　　　　　用途：	币种：人民币
交易机构：0230800055　记账柜号：02763　交易代码：02713	渠道：柜台
汇划种类：银行汇票　客户附言：　　用途：	

（中国工商银行成都金牛区支行 自动回单机专用章（002））

本回单为第1次打印，注意重复　　打印时间：2015年3月12日　　打印柜员：9　　验证码：D9198D73C006

（7）会计根据业务回单编制记账凭证。

收款凭证

借方科目：银行存款　　　　2014年11月15日　　　　收字第2号

摘要	贷方总账科目	明细科目	记账符号	金额 千百十万千百十元角分
收到银行汇票余款	其他货币资金	银行汇票存款		5 1 2 0 0 0
合计				¥ 5 1 2 0 0 0

附单据 1 张

财务主管：李林　　记账：　　出纳：雷玲　　审核：　　制单：张勇

业务二：2014年11月15日，绵阳华远电子科技有限公司向四川英电纳子科技有限公司销售产品单孔七圈磁盒一批，收到四川英电纳子科技有限公司交来的60000元银行汇票一张。

（1）销售产品收到银行汇票。

5100133140　　　　　　　　No. 38990985

开票日期：2014 年 11 月 15 日

购货单位	名　称	四川英电纳子科技有限公司				密码区	03+319<*782>59*13712 34-8<53/534678<4>89/< 1-9/<+5+1-2<*806>*-+1 *2021>3944122<2>>>43		
	纳税人识别号	510789034514076							
	地址、电话	遂宁市玉龙路6号　0551-6937851							
	开户行及账号	遂宁市商业银行股份有限公司总行营业部 5002129500032							
货物或应税劳务名称	规格型号	单位	数量	单价	金额		税率	税额	
单孔七圈磁盒		个	15000	1.20	18000.00		17%	3060.00	
双孔十圈磁盒		个	18000	1.80	32400.00		17%	5508.00	
合　计					¥50400.00			¥8568.00	
价税合计（大写）	人民币伍万捌仟玖佰陆拾捌元整				（小写）			¥58968.00	
销货单位	名　称	绵阳华远电子科技有限公司				备注			
	纳税人识别号	510793769970265							
	地址、电话	绵阳市金菊街8号　0816-6732169							
	开户行及账号	中国工商银行绵阳剑南支行 2308412319022115326							

收款人：　　　　复核：　　　　开票人：陈强　　　　销货单位：（章）

第一联　记账联　销货方计账凭证

付款期限 壹个月	中国工商银行 银 行 汇 票	2	地名	BA 0I	00000000

出票日期（大写）：贰零壹肆年拾壹月壹拾伍日　　代理付款行：中国工商银行绵阳剑南支行
　　　　　　　　　　　　　　　　　　　　　　　　　行　　号：87569021282340

收款人：绵阳华远电子科技有限公司	账号：2308412319022115326									
出票金额人民币（大写）：陆万元整	小写：¥60000.00									
实际结算金额人民币（大写）：	千	百	十	万	千	百	十	元	角	分
申请人：四川英电纳子科技有限公司	账号或住址：0102233567									
出票行：遂宁市商业银行股份有限公司总行营业部 行　号：00001 备　注： 凭据付款： 出票行盖章：	密押：123456									
	多余金额									
	千	百	十	万	千	百	十	元	角	分
	复核：　　　　记账：									

陈凤

（2）出纳将银行汇票背书并填制进账单交银行办理收款。

付款期限 壹个月	中国工商银行 银行汇票		2	35890234 23856923

代理付款行：中国工商银行绵阳剑南支行
行　号：789023

出票日期（大写）：贰零壹肆年拾壹月壹拾伍日

收款人：绵阳华远电子科技有限公司	账号：2308412319022115326
出票金额人民币（大写）：陆万元整	小写：¥60000.00

实际结算金额人民币（大写）：伍万捌仟玖佰陆拾捌元整

千	百	十	万	千	百	十	元	角	分
			¥	5	8	9	6	8	0	0

申请人：四川英电纳子科技有限公司　　账号或住址：0102233567
出票行：遂宁市商业银行股份有限公司总行营业部
行　号：00001
备　注：商品款
凭票付款：
出票行签章：

密押
多余金额

亿	千	百	十	万	千	百	十	元	角	分
					¥	1	0	3	2	0	0

复核：　　记账：

被背书人：中国工商银行绵阳剑南支行 委托收款	被背书人：
背书人签章 2014年11月15日	背书人签章 年 月 日

ICBC 中国工商银行　　进账单（贷方凭证）1

2014年11月15日

出票人	全　称	四川英电纳子科技有限公司	收款人	全　称	绵阳华远电子科技有限公司
	账　号	5002129500032		账　号	2308412319022115326
	开户银行	遂宁市商业银行股份有限公司总行营业部		开户银行	中国工商银行绵阳剑南支行

金额	人民币（大写）	伍万捌仟玖佰陆拾捌元整	亿	千	百	十	万	千	百	十	元	角	分
							¥	5	8	9	6	8	0	0

票据种类	银行汇票	票据张数	1	
票据号码	87569021282340			

备注：

复核：　　记账：

中国工商银行 进账单（回 单）2

2014 年 11 月 15 日

出票人	全 称	四川英电纳子科技有限公司	收款人	全 称	绵阳华远电子科技有限公司
	账 号	5002129500032		账 号	2308412319022115326
	开户银行	遂宁市商业银行股份有限公司总行营业部		开户银行	中国工商银行绵阳剑南支行

金额	人民币（大写）	伍万捌仟玖佰陆拾捌元整	亿	千	百	十	万	千	百	十	元	角	分
						¥	5	8	9	6	8	0	0

票据种类	银行汇票	票据张数	1
票据号码	87569021282340		

备注：

复核：　　　　　　记账：　　　　　　　　　　　　　　　开户银行签章

此联是开户银行交给持（出）票人的回单

中国工商银行 进账单（收账通知）3

2014 年 11 月 15 日

出票人	全 称	四川英电纳子科技有限公司	收款人	全 称	绵阳华远电子科技有限公司
	账 号	5002129500032		账 号	2308412319022115326
	开户银行	遂宁市商业银行股份有限公司总行营业部		开户银行	中国工商银行绵阳剑南支行

金额	人民币（大写）	伍万捌仟玖佰陆拾捌元整	亿	千	百	十	万	千	百	十	元	角	分
						¥	5	8	9	6	8	0	0

票据种类	银行汇票	票据张数	1
票据号码	87569021282340		

备注：

复核：　　　　　　记账：　　　　　　　　　　　　　收款人开户银行签章

此联是收款人开户银行交给收款人的收账通知

（3）取得进账单（回单）2。

进账单（回　单）2

2014 年 11 月 15 日

出票人	全　称	四川英电纳子科技有限公司	收款人	全　称	绵阳华远电子科技有限公司
	账　号	5002129500032		账　号	2308412319022115326
	开户银行	遂宁市商业银行股份有限公司总行营业部		开户银行	中国工商银行绵阳剑南支行
金额	人民币（大写）	伍万捌仟玖佰陆拾捌元整			亿千百十万千百十元角分　　　　　¥ 5 8 9 6 8 0 0
	票据种类	银行汇票	票据张数	1	
	票据号码	87569021282340			

此联是开户银行交给持（出）票人的回单

中国工商银行绵阳剑南支行 业务办讫章

李刚

复核：　　　记账：　　　　　　　　　　　　　开户银行签章

（4）会计根据增值税发票及进账单回单编制记账凭证。

收　款　凭　证

借方科目：银行存款　　　　2014 年 11 月 15 日　　　　收字第 3 号

摘　要	贷方总账科目	明细科目	记账符号	金　额 千百十万千百十元角分
销售产品	主营业务收入			5 0 4 0 0 0 0
	应交税费	应交增值税（进项税额）		8 5 6 8 0 0
合　计				¥ 5 8 9 6 8 0 0

附单据 2 张

财务主管：李林　　记账：张勇　　出纳：雷玲　　审核：　　制单：

（5）2014 年 11 月 18 日出纳到开户银行打印业务回单（或收到银行收账通知）。

ICBC 中国工商银行

进账单（收账通知） 3

2014 年 11 月 15 日

出票人	全称	四川英电纳子科技有限公司	收款人	全称	绵阳华远电子科技有限公司
	账号	5002129500032		账号	2308412319022115326
	开户银行	遂宁市商业银行股份有限公司总行营业部		开户银行	中国工商银行绵阳剑南支行

金额	人民币（大写）	陆万元整	亿 千 百 十 万 千 百 十 元 角 分
			¥ 6 0 0 0 0 0 0

票据种类	银行汇票	票据张数	1
票据号码	87569021282340		

（盖章：中国工商银行绵阳剑南支行 2014.11.15 转讫）

（签章：李凤）

复核：　　记账：　　　　　　　　　　收款人开户银行签章

此联是开户银行交给持（出）票人的回单

ICBC 中国工商银行

凭证 业务回单（收款）

日期：2014 年 11 月 15 日　　　回单编号：15061000002

付款人户名：四川英电纳子科技有限公司	付款人开户行：遂宁市商业银行股份有限公司总行营业部
付款人账号（卡号）：5002129500032	收款人开户行：中国工商银行绵阳剑南支行
收款人户名：绵阳华远电子科技有限公司	
收款人账号（卡号）：2308412319022115326	
金额：伍万捌仟玖佰陆拾捌元整	小写：¥58968.00
业务（产品）种类：转账　凭证种类：000000000	凭证号码：00000000000000000
摘要：　　用途：	币种：人民币
交易机构：0230800055　记账柜员：02763　交易代码：02713	渠道：柜台
汇划种类：银行汇票　客户附言：　用途：	

（盖章：中国工商银行绵阳剑南支行 自动回单机专用章（002））

本回单为第 1 次打印，注意重复　　打印时间：2014 年 11 月 18 日　　打印柜员：9　　验证码：D9198D73C006

任务三　银行承兑汇票结算

银行承兑汇票是一种商业汇票，是由在承兑银行开立存款账户的存款人出票，向开户银行申请并经银行审查同意承兑的，保证在指定日期无条件支付确定的金额给收款人或持票人的票据。银行承诺到期付款的汇票称为银行承兑汇票，经济生活中大量使用的是银行承兑汇票。同城、异地均可使用。

银行承兑汇票签发时必须记载下列事项：①表明"银行承兑汇票"的字样。②无条件支付的委托。③确定的金额。④付款人名称。⑤收款人的名称。⑥出票日期。⑦出票人签章。

银行承兑汇票一般一式三联。第一联由承兑银行留存备查作为到期支付票款时借方凭证附件；第二联交收款人（或持票人），是收款人开户行随托收凭证寄付款人开户行作借方凭证附件；第三联存根由出票人存查。

银行承兑汇票图样：

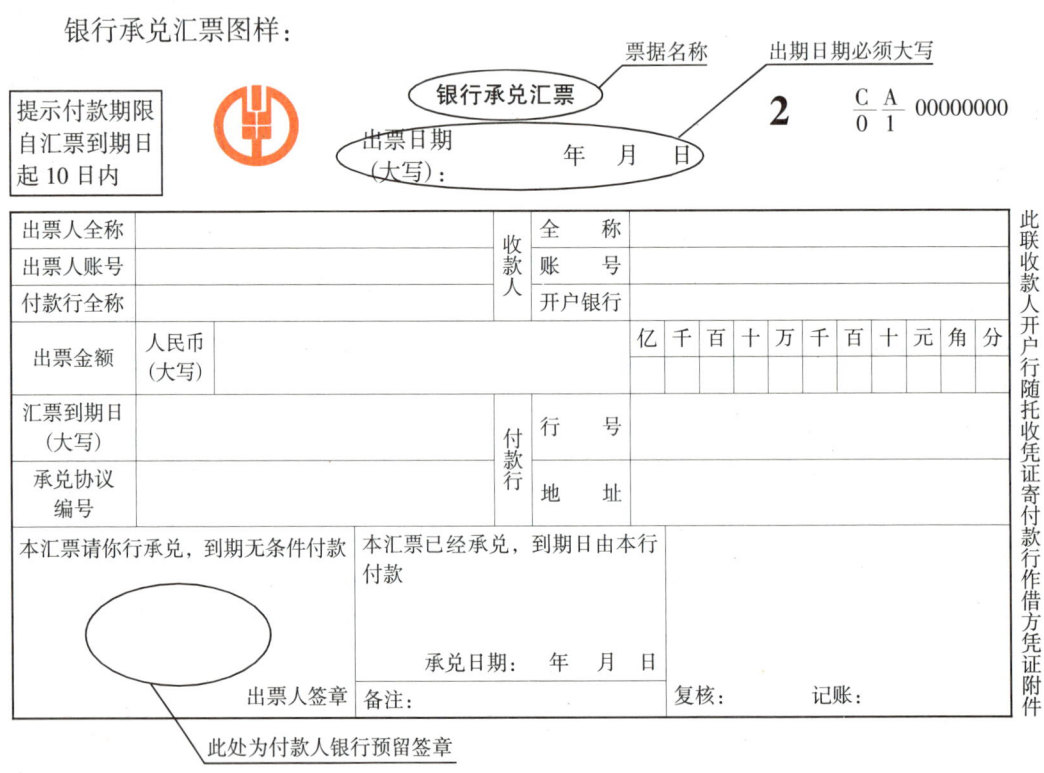

业务一：2014年11月18日，绵阳华远电子科技有限公司购买材料向开户行申请办理银行承兑汇票。

（1）购入材料，填写银行承兑汇票申请书向银行申请开出银行承兑汇票。

银行承兑汇票的出票人或持票人向银行申请承兑时，银行按照有关规定和审批程序，对出票人的资格、购销合同和汇票记载的内容进行审查，符合规定和承兑条件的，与出票人签订承兑协议一式三联，其中第一联和第二联为正联，由出票人和承兑行各执一联；第三联为副本，由银行连同银行承兑汇票第一、第二联交银行会计部门。

项目三　银行结算业务

5100133140　　　　　四川增值税专用发票　　　　　No. 02990598

开票日期：2014 年 11 月 18 日

购货单位	名　　称	绵阳华远电子科技有限公司				密码区	02+913<*87-1>59*14713		加密版本：01
	纳税人识别号	510793769970265					44-8<45/259564<4>92/<		1100121140
	地址、电话	绵阳市金菊街8号　0816-6732169					2-9/<+5+1-2<*806>*-+0		
	开户行及账号	中国工商银行绵阳剑南支行 2308412319022115326					*1021><1553922<3>>>52		02000713
货物或应税劳务名称		规格型号	单位	数量	单价	金额		税率	税额
1701 盒子			个	200000	0.18	36000.00		17%	6120.00
1702 盒子			个	10000	0.20	2000.00		17%	340.00
合　计						¥38000.00			¥6460.00
价税合计（大写）		人民币肆万肆仟肆佰陆拾元整				（小写）		¥44460.00	
销货单位	名　　称	绵阳海瑞电子有限责任公司				备注			
	纳税人识别号	5109354569266352							
	地址、电话	绵阳市桃园路 32 号　0816-3982656							
	开户行及账号	绵阳市商业银行 02010140100000602							

第二联　抵扣联　购货方抵扣凭证

收款人：　　　　复核：　　　　开票人：王强　　　　销货单位：（章）

5100133140　　　　　四川增值税专用发票　　　　　No. 02990598

开票日期：2014 年 11 月 18 日

购货单位	名　　称	绵阳华远电子科技有限公司				密码区	02+913<*87-1>59*14713		加密版本：01
	纳税人识别号	510793769970265					44-8<45/259564<4>92/<		1100121140
	地址、电话	绵阳市金菊街8号　0816-6732169					2-9/<+5+1-2<*806>*-+0		
	开户行及账号	中国工商银行绵阳剑南支行 2308412319022115326					*1021><1553922<3>>>52		02000713
货物或应税劳务名称		规格型号	单位	数量	单价	金额		税率	税额
1701 盒子			个	200000	0.18	36000.00		17%	6120.00
1702 盒子			个	10000	0.20	2000.00		17%	340.00
合　计						¥38000.00			¥6460.00
价税合计（大写）		人民币肆万肆仟肆佰陆拾元整				（小写）		¥44460.00	
销货单位	名　　称	绵阳海瑞电子有限责任公司				备注			
	纳税人识别号	5109354569266352							
	地址、电话	绵阳市桃园路 32 号　0816-3982656							
	开户行及账号	绵阳市商业银行 02010140100000602							

第三联　发票联　购货方记账凭证

收款人：　　　　复核：　　　　开票人：王强　　　　销货单位：（章）

银行承兑协议

编号：55566312

银行承兑汇票的内容：

付款人全称：绵阳华远电子科技有限公司	收款人全称：绵阳海瑞电子有限责任公司
开户银行：中国工商银行绵阳剑南支行	开户银行：中国工商银行绵阳剑南支行
账号：002355472312	账号：553222-66
汇票号码：4672823	汇票金额（大写）：肆万肆仟肆佰陆拾元整
签发日期：2014 年 11 月 18 日	到期日期：2015 年 2 月 18 日

以上汇票经承兑银行承兑，承兑申请人（下称申请人）愿遵守《银行结算办法》的规定及下列条款：

一、申请人于汇票到期日前将应付票款足额交存承兑银行。
二、承兑手续费按票面金额千分之一计算，在银行承兑时一次付清。
三、承兑汇票如发生任何交易纠纷，均由收付双方自行处理，票款于到期前仍按第一条办理不误。
四、承兑汇票到日期，承兑银行凭票无条件支付票款。如到期日之前申请人不能足额交付票款，承兑银行对不足支付部分的票款转作承兑申请人逾期贷款，并按照有关规定计收罚息。
五、承兑汇款付清后，本协议视自动失效。
本协议第一、第二联分别由承兑银行信贷部门和承兑申请人存执，协议副本由银行会计部门存查。

承兑银行　（盖章）　　　　承兑单位　（盖章）

订立承兑协议日期：2014 年 11 月 18 日

（2）银行签发银行承兑汇票（一式三联）。

银行承兑汇票（卡片） 1

出票日期（大写）：贰零壹肆年拾壹月拾壹捌日　　汇票号码

出票人全称	绵阳华远电子科技有限公司	收款人	全称	绵阳海瑞电子有限公司								
出票人账号	2308412319022115326		账号	02010140100000602								
付款行全称	中国工商银行绵阳剑南支行		开户银行	绵阳市商业银行								
出票金额	人民币（大写）肆万肆仟肆佰陆拾元整			亿	千	百	十	万	千	百	十	元	角	分
				¥			4	4	4	6	0	0	0
汇票到期日（大写）	贰零壹伍年零贰月壹拾捌日	付款行	行号	
承兑协议编号	55566312		地址	
本汇票请你行承兑，此项汇票款我单位按承兑协议于到期日前足额交存银行，到期请予以支付。				
出票人签章	备注：	复核：	记账：	

此联承兑银行留存备查

银行承兑汇票

出票日期（大写）：贰零壹肆年拾壹月壹拾捌日

编号 2 C A / 0 1 13245673

出票人全称	绵阳华远电子科技有限公司	收款人	全称	绵阳海瑞电子有限责任公司
出票人账号	2308412319022115326		账号	02010140100000602
付款行全称	中国工商银行绵阳剑南支行		开户银行	绵阳市商业银行
出票金额	人民币（大写）肆万肆仟肆佰陆拾元整			亿千百十万千百十元角分 ¥ 4 4 4 6 0 0 0
汇票到期日（大写）	贰零壹伍年零贰月壹拾捌日	付款行	行号	54783
承兑协议编号	55566312		地址	绵阳市涪城区临园路东段41-13号

本汇票请你行承兑，到期无条件付款
（绵阳华远电子科技有限公司 财务专用章）
王兰 印 雷玲 印
出票人签章

本汇票已经承兑，到期日由本行付款
（中国工商银行绵阳剑南支行 汇票专用章）李红
承兑日期：2014年11月18日
备注：   复核：   记账：

此联收款人开户行随托收凭证寄付款行作借方凭证附件

粘 单

被背书人	被背书人
背书人签章 年 月 日	背书人签章 年 月 日

银行承兑汇票（存根）

出票日期（大写）：贰零壹肆年拾壹月壹拾捌日

编号 3 汇票号码

出票人全称	绵阳华远电子科技有限公司	收款人	全称	绵阳海瑞电子有限责任公司
出票人账号	2308412319022115326		账号	02010140100000602
付款行全称	中国工商银行绵阳剑南支行		开户银行	绵阳市商业银行
出票金额	人民币（大写）肆万肆仟肆佰陆拾元整			亿千百十万千百十元角分 ¥ 4 4 4 6 0 0 0
汇票到期日（大写）	贰零壹伍年零贰月壹拾捌日	付款行	行号	54783
承兑协议编号	55566312		地址	绵阳市涪城区临园路东段41-13号

备注：

此联由出票人存查

（3）取得银行承兑汇票第二联、第三联，支付银行承兑汇票手续费。

银行承兑汇票手续费：按银行承兑汇票出票金额的万分之五计收手续费，付款单位办理承兑手续时向承兑银行支付手续费，由承兑银行从付款单位存款户中扣收。按照现行规定，开具银行承兑汇票按银行承兑汇票出票金额的0.5‰计收手续费。每笔银行承兑汇票手续费不足10元的，按10元计收。

（4）将银行承兑汇票第二联交与销货方；会计根据银行收费单据编制记账凭证。

付 款 凭 证

贷方科目：银行存款　　　　　2014年11月18日　　　　　付字第5号

摘　要	借方总账科目	明细科目	记账符号	金额 千 百 十 万 千 百 十 元 角 分	附单据
支付银行承兑汇票手续费	财务费用	手续费		2 2 2 3	1张
合　计				¥　　　　　　　2 2 2 3	

财务主管：李林　　　记账：张勇　　　出纳：雷玲　　　审核：　　　制单：

（5）会计根据增值税发票记账联（第三联）、银行承兑协议（第一联）、银行承兑汇票（第三联）编制记账凭证。

项目三　银行结算业务

转 账 凭 证
2014 年 11 月 18 日　　　　　　　　　　　　转字第 2 号

摘 要	总账科目	明细科目	借方金额 亿千百十万千百十元角分	贷方金额 亿千百十万千百十元角分
购入材料、向	在途物资		3 8 0 0 0 0 0	
银行申请银行	应交税费	应交增值税（进项税额）	6 4 6 0 0 0	
承兑汇票	应付票据	银行承兑汇票		4 4 4 6 0 0 0
合　计			¥ 4 4 4 6 0 0 0	¥ 4 4 4 6 0 0 0

附单据 2 张　　√

会计主管：李林　　　记账：张勇　　　复核：　　　　　制单：张勇

业务二：2014 年 12 月 20 日，绵阳华远电子科技有限公司 2014 年 9 月 20 日开出的银行承兑汇票到期。

（1）出纳收到银行付款通知书（托收凭证 5）或打印业务回单。

ICBC 中国工商银行　　　　　　托收凭证（付款通知）5

委托日期：2014 年 11 月 20 日　　　　付款期限　　年　月　日

业务类型	委托收款（□邮划　□电划）	托收承付（□邮划　□电划）		
付款人	全　称	绵阳华远电子科技有限公司	收款人 全　称	绵阳海瑞电子有限责任公司
	账　号	23084123190221153 26	账　号	02010140100000602
	地　址	四川 省 绵阳 市县 开户行 剑南支行	地　址	四川 省 绵阳 市县 开户行
金额	人民币（大写）	肆仟肆佰肆拾陆元整	亿千百十万千百十元角分 ¥ 4 4 4 6 0 0	
款项内容	货款	托收凭据名称 银行承兑汇票	附寄单证张数	1 张
商品发运情况：		合同名称号码	银行承兑协议 45632	
备注：		付款人注意：		
付款人开户银行收到日期： 　　　　　　　　 2014 年 11 月 20 日　付款人开户银行签章 复核：　　　记账：　　　　　　2014 年 11 月 20 日		1. 根据支付结算方法，上列委托收款（托收承付）款项在付款期限内未提出拒付，即视为同意付款，以此代付款通知。 2. 如需提出全部或部分拒付，应在规定期限内，将拒付理由书并附债务证明退交开户银行。		

（中国工商银行 绵阳剑南支行 转讫）

此联付款人开户银行作付款人按期付款通知

中国工商银行 ICBC

业务回单（付款） 凭证

日期：2015年3月2日　　　　回单编号：15061000002

付款人户名：绵阳华远电子科技有限公司		付款人开户行：中国工商银行绵阳剑南支行	
付款人账号（卡号）：2308412319022115326		收款人开户行：绵阳市商业银行	
收款人户名：绵阳海瑞电子有限责任公司			
收款人账号（卡号）：02010140100000602			
金额：肆仟肆佰肆拾陆元整		小写：¥4446.00	
业务（产品）种类：转账	凭证种类：000000000	凭证号码：0000000000000000	
摘要：	用途：	币种：人民币	
交易机构：0230800055	记账柜号：02763	交易代码：02713	渠道：柜台
汇划种类：银行承兑汇票	客户附言：	用途：	

（绵阳市商业银行 自动回单机专用章 (002)）

本回单为第1次打印，注意重复　　打印时间：2014年11月20日　　打印柜员：9　　验证码：D9198D73C006

（2）会计根据银行付款通知（托收凭证5）或业务回单编制记账凭证。

付 款 凭 证

贷方科目：银行存款　　　2014年11月20日　　　付字第6号

摘　要	借方总账科目	明细科目	记账符号	金　额									
				千	百	十	万	千	百	十	元	角	分
银行承兑汇票到期承兑	应付票据	银行承兑汇票						4	4	4	6	0	0
合　计								¥4	4	4	6	0	0

附单据1张

财务主管：李林　　记账：　　出纳：雷玲　　审核：　　制单：张勇

业务三：2014年11月20日绵阳华远电子科技有限公司销售产品采用银行承兑汇票结算方式。

（1）销售产品收到银行承兑汇票。

银行承兑汇票

2　C A　16754323
　　0 1

出票日期（大写）：	贰零壹肆年拾壹月贰拾日		
出票人全称	四川英电纳子科技有限公司	全称	绵阳华远电子科技有限公司
出票人账号	5002129500032	账号	2308412319022115326
付款行全称	遂宁市商业银行股份有限公司总行营业部	开户银行	中国工商银行绵阳剑南支行
出票金额	人民币（大写）伍仟捌佰玖拾陆元捌角整	亿 千 百 十 万 千 百 十 元 角 分	¥　　　　5 8 9 6 8 0
汇票到期日（大写）	贰零壹伍年零贰月贰拾日	付款行　行号	90876
承兑协议编号	55566312	地址	遂宁市玉龙路125号

本汇票请你行承兑，到期无条件付款　　本汇票已经承兑，到期日由本行付款

承兑日期：2014年11月20日　　复核：　　记账：

出票人签章　　备注：

5100133140　　四川增值税专用发票　　No. 388990809

开票日期：2014年11月20日

购货单位	名　　称：	四川英电纳子科技有限公司	密码区	03+319<*78-2>59*13712
	纳税人识别号：	510789034514076		34-8<53/534678<4>89/<
	地址、电话：	遂宁市玉龙路16号　0551-6937851		1-9/<+5+1-2<*806>*-+1
	开户行及账户：	遂宁市商业银行股份有限公司总行营业部 5002129500032		*2021>3944122<2>>>43

货物或应税劳务名称	规格型号	单位	数量	单价	金额	税率	税额
单孔七圈磁盒		个	1500	1.20	1800.00	17%	306.00
双孔十圈磁盒		个	1800	1.80	3240.00	17%	550.80
合　　计					¥5040.00		¥856.80
价税合计（大写）	人民币伍仟捌佰玖拾陆元捌角整			（小写）	¥5896.80		

销货单位	名　　称：	绵阳华远电子科技有限公司	备注	
	纳税人识别号：	510793769970265		
	地址、电话：	绵阳市金菊街8号　0816-6732169		
	开户行及账户：	中国工商银行绵阳剑南支行 2308412319022115326		

收款人：　　复核：　　开票人：陈强　　销货单位：（章）

(2) 会计根据增值税发票记账联（第一联）、银行承兑汇票 2 编制记账凭证。

转 账 凭 证

2014 年 11 月 20 日　　　　　　　　　　　　　　转字第 3 号

摘 要	总账科目	明细科目	借方金额 亿千百十万千百十元角分	贷方金额 亿千百十万千百十元角分
销售产品收到	应收票据	银行承兑汇票	５８９６８０	
银行承兑汇票	主营业务收入			５０４０００
	应交税费	应交增值税（进项税额）		８５６８０
	合　计		￥５８９６８０	￥５８９６８０

附单据 2 张

会计主管：李林　　　记账：张勇　　　复核：　　　制单：张勇

业务四：2014 年 11 月 21 日绵阳华远电子科技有限公司收到的银行承兑汇票到期。

(1) 出纳将银行承兑汇票 2 背书、填制委托收款凭证（一式五联）交与银行。

银行承兑汇票　　　　　　　　　**2**　　C A / 0 1　26457869

出票日期（大写）：贰零壹肆年零玖月贰拾日

出票人全称	莫仕公司四川分公司	收款人	全　称	绵阳华远电子科技有限公司
出票人账号	2308412319022235279		账　号	2308412319022115326
付款行全称	中国工商银行成都高新区支行		开户银行	中国工商银行绵阳剑南支行
出票金额	人民币（大写）柒仟柒佰贰拾贰元整			亿千百十万千百十元角分　　　　￥７７２２００
汇票到期日（大写）	贰零壹肆年拾壹月贰拾日	付款行	行　号	中国工商银行成都高新区支行
承兑协议编号	654780		地　址	四川省成都市高新区 62 号
本汇票请你行承兑，到期无条件付款 （莫仕公司四川分公司 财务专用章） （李茧 印） 出票人签章		本汇票已经承兑，到期日由本行付款 （中国工商银行成都高新区支行 汇票专用章） （王茜 印） 承兑行签章 承兑日期：2014 年 11 月 20 日 备注：	复核：	记账：

此联收款人开户行随托收凭证寄付款行作借方凭证附件

粘　单

被背书人：中国工商银行绵阳剑南支行	被背书人
委托收款 （绵阳华远电子科技有限公司 财务专用章）　（王兰 印）（雷玲 印） 背书人签章 2014 年 11 月 21 日	 背书人签章 年　月　日

ICBC 中国工商银行　托收凭证（受理回单） 1

委托日期：2014 年 11 月 21 日

业务类型	委托收款（□邮划　　□电划）			托收承付（□邮划　　□电划）				
付款人	全　称	莫仕公司四川分公司		收款人	全　称	绵阳华远电子科技有限公司		此联付款人开户银行作付款人按期付款通知
	账　号	2308412319022 35279			账　号	2308412319022 115326		
	地　址	四川 省 成都 市县	开户行	中国工商银行成都高新区支行	地　址	四川 省 绵阳 市县	开户行 中国工商银行绵阳剑南支行	
金额	人民币 （大写）	柒仟柒佰贰拾贰元整		亿 千 百 十 万 千 百 十 元 角 分 　　　　　　￥ 7 7 2 2 0 0				
款项内容	销货款		托收凭据名　称	银行承兑汇票	附寄单证张数	1 张		
商品发运情况	已发运			合同名称号码	购销合同 358723			
备注：		款项收妥日期						
复核：　记账：		付款人开户银行签章 2014 年 11 月 20 日		收款人开户银行签章 年　月　日				

出纳岗位实训

ICBC 中国工商银行 托收凭证（贷方凭证） 2

委托日期：2014 年 11 月 21 日

业务类型	委托收款（□邮划　□电划）			托收承付（□邮划　□电划）		
付款人	全称	莫仕公司四川分公司		收款人	全称	绵阳华远电子科技有限公司
	账号	230841231902235279			账号	2308412319022115326
	地址	四川 省 成都 市县	开户行 中国工商银行成都高新区支行		地址	四川 省 绵阳 市县 开户行 中国工商银行绵阳剑南支行
金额	人民币（大写）	柒仟柒佰贰拾贰元整		亿 千 百 十 万 千 百 十 元 角 分		¥ 　 　 　 　 7 7 2 2 0 0
款项内容	销货款		托收凭据名称	银行承兑汇票	附寄单证张数	1张
商品发运情况	已发运			合同名称号码	购销合同 358723	
备注：						

上列款项随附有关债务证明，请予办理

（绵阳华远电子科技有限公司 财务专用章）

王兰 印　雷玲 印

收款人开户银行收到日期：　年　月　日　　收款人签章　　复核：　　记账：

此联收款人开户银行作贷方凭证

ICBC 中国工商银行　托收凭证（借方凭证） 3

委托日期：2014 年 11 月 21 日　　付款期限：　年　月　日

业务类型	委托收款（□邮划　□电划）			托收承付（□邮划　□电划）		
付款人	全称	莫仕公司四川分公司		收款人	全称	绵阳华远电子科技有限公司
	账号	230841231902235279			账号	2308412319022115326
	地址	四川 省 成都 市县	开户行 中国工商银行成都高新区支行		地址	四川 省 绵阳 市县 开户行 中国工商银行绵阳剑南支行
金额	人民币（大写）	柒仟柒佰贰拾贰元整		亿 千 百 十 万 千 百 十 元 角 分		¥ 　 　 　 　 7 7 2 2 0 0
款项内容	销货款		托收凭据名称	银行承兑汇票	附寄单证张数	1张
商品发运情况	已发运			合同名称号码	购销合同 358723	
备注：						

收款人开户银行收到日期：　年　月　日　　收款人开户银行签章　　年　月　日　　复核：　　记账：

此联付款人开户银行作借方凭证

托收凭证（汇款依据或收账通知）4

ICBC 中国工商银行

委托日期：2014 年 11 月 21 日　　付款期限：　　年　月　日

业务类型	委托收款（□邮划　□电划）			托收承付（□邮划　□电划）			
付款人	全称	莫仕公司四川分公司		收款人	全称	绵阳华远电子科技有限公司	
	账号	2308412319022235279			账号	2308412319022115326	
	地址	四川省成都市县	开户行	中国工商银行成都高新区支行	地址	四川省绵阳市县	开户行 中国工商银行绵阳剑南支行

金额：人民币（大写）柒仟柒佰贰拾贰元整　　￥7　7　2　2　0　0

款项内容	销货款	托收凭据名称	银行承兑汇票	附寄单证张数	1张

商品发运情况：已发运　　合同名称号码：购销合同 358723

备注：上列款项已划回收入你方账户内

收款人开户银行签章　　年　月　日

复核：　　记账：

此联付款人开户银行凭以汇款或收款人开户银行作收账通知

托收凭证（付款通知）5

ICBC 中国工商银行

委托日期：2014 年 11 月 21 日　　付款期限：　　年　月　日

业务类型	委托收款（□邮划　□电划）			托收承付（□邮划　□电划）			
付款人	全称	莫仕公司四川分公司		收款人	全称	绵阳华远电子科技有限公司	
	账号	2308412319022235279			账号	2308412319022115326	
	地址	四川省成都市县	开户行	中国工商银行成都高新区支行	地址	四川省绵阳市县	开户行 中国工商银行绵阳剑南支行

金额：人民币（大写）柒仟柒佰贰拾贰元整　　￥7　7　2　2　0　0

款项内容	销货款	托收凭据名称	银行承兑汇票	附寄单证张数	1张

商品发运情况：已发运　　合同名称号码：购销合同 358723

备注：

付款人注意：
1. 根据支付结算方法，上列委托收款（托收承付）款项在付款期限内未提出拒付，即视为同意付款，以此代付款通知。
2. 如需提出全部或部分拒付，应在规定期限内，将拒付理由书并附债务证明退交开户银行。

付款人开户银行收到日期：　　年　月　日

收款人开户银行签章　　年　月　日

复核：　　记账：

此联付款人开户银行作付款人按期付款通知

（2）将银行承兑汇票 2 及委托银行收款凭证交与银行，取得托收凭证回单。

中国工商银行 托收凭证（受理回单）1

委托日期：2014 年 11 月 21 日

业务类型	委托收款（□邮划　　□电划）			托收承付（□邮划　　□电划）		
付款人	全称	莫仕公司四川分公司	收款人	全称	绵阳华远电子科技有限公司	
	账号	230841231902235279		账号	2308412319022115326	
	地址	四川省成都市县 开户行 中国工商银行成都高新区支行		地址	四川省绵阳市县 开户行 中国工商银行绵阳剑南支行	
金额	人民币（大写）	柒仟柒佰贰拾贰元整		亿千百十万千百十元角分 ¥　　　7 7 2 2 0 0		
款项内容	销货款		托收凭据名称	银行承兑汇票	附寄单证张数	1张
商品发运情况	已发运		合同名称号码	购销合同 358723		
备注：		款项收妥日期				

收款人开户银行签章：中国工商银行绵阳剑南支行 业务办讫　徐洪　2014 年 11 月 21 日

复核：　　记账：　　　　　年　月　日

（3）2014 年 11 月 22 日出纳到开户银行打印业务回单或收到银行收款通知，会计根据托收凭证受理回单 1、业务回单或银行收款通知编制记账凭证。

中国工商银行 业务回单（收款凭证）

日期：2014 年 11 月 22 日　　　回单编号：15061000002

付款人户名：莫仕公司四川分公司	付款人开户行：中国工商银行成都高新区支行
付款人账号（卡号）：230841231902235279	收款人开户行：中国工商银行绵阳剑南支行
收款人户名：绵阳华远电子科技有限公司	
收款人账号（卡号）：2308412319022115326	
金额：柒仟柒佰贰拾贰元整	小写：¥7722.00
业务（产品）种类：转账　凭证种类：000000000	凭证号码：0000000000000000
摘要：　　　用途：	币种：人民币
交易机构：0230800055　记账柜员：02763　交易代码：02713	渠道：柜台
汇划种类：银行承兑汇票　客户附言：　用途：	

中国工商银行绵阳剑南支行 自动回单机专用章（002）

本回单为第 1 次打印，注意重复　　打印时间：2014 年 11 月 22 日　　打印柜员：9　　验证码：D9198D73C006

项目三　银行结算业务

ICBC 中国工商银行　　托收凭证（汇款依据或收账通知）4

委托日期：2014 年 11 月 21 日　　付款期限　年　月　日

业务类型	委托收款（□邮划　□电划）			托收承付（□邮划　□电划）			
付款人	全称	莫仕公司四川分公司		收款人	全称	绵阳华远电子科技有限公司	
	账号	230841231902235279			账号	2308412319022115326	
	地址	四川省 成都市县	开户行 中国工商银行成都高新区支行		地址	四川省 绵阳市县	开户行 中国工商银行绵阳剑南支行
金额	人民币（大写）	柒仟柒佰贰拾贰元整				亿千百十万千百十元角分 ¥ 7 7 2 2 0 0	
款项内容	销货款		托收凭据名称	银行承兑汇票		附寄单证张数	1张
商品发运情况				合同名称号码			
备注：		上列款项已划回收入你方账户内					

中国工商银行 绵阳剑南支行 2014.11.22 转讫

收款人开户银行签章　2014 年 11 月 22 日

复核：　　　记账：

此联付款人开户银行作付款人按期付款通知

收款凭证

2014 年 11 月 22 日　　　　　　　　收字第 4 号

借方科目：银行存款

摘要	贷方总账科目	明细科目	记账符号	金额 千百十万千百十元角分
银行承兑汇票到期收到款项	应收票据	银行承兑汇票		7 7 2 2 0 0
合　计				¥ 7 7 2 2 0 0

附单据 2 张

财务主管：李林　　记账：　　出纳：雷玲　　审核：　　制单：张勇

任务四　电汇结算

电汇是汇款人将一定款项交存汇款银行，汇款银行通过电报或电传传给目的地分行或代理行（汇入行），指示汇入行向收款人支付一定金额的一种汇款方式。

签发电汇凭证必须记载下列事项：①表明"电汇"的字样。②无条件支付的委托。③确定的金额。④汇款人名称。⑤收款人名称。⑥汇入地点、汇入行名称。⑦汇出地点、汇出行名称。⑧委托日期。⑨汇款人签章。

电汇凭证上欠缺上列记载事项之一的，银行不予受理。汇款人和收款人均为个人，需要在汇入银行支取现金的，应在汇款金额大写栏先填写"现金"字样，后填写汇款金额。

电汇凭证一式三联，第一联回单为汇出行给汇款人的回单；第二联借方凭证为汇出行作借方凭证；第三联汇款依据，汇出行凭以汇出汇款。须在第二联"汇款人签章"处加盖银行预留印鉴。

电汇填制图样：

汇款人	全 称		收款人	全 称	
	账 号			账 号	
	汇出地点	省 市/县		汇出地点	省 市/县
	汇出行名称			汇入行名称	
金额	人民币（大写）			亿 千 百 十 万 千 百 十 元 角 分	

（普通 □ 加急 □）
委托日期： 年 月 日
川 B 00594370
电汇凭证（回 单）1

支付密码
附加信息及用途：

汇出行签章　　复核：　　记账：

此联汇出行给汇款人的回单

业务一：2014年11月23日，以电汇结算方式向成都红星公司采购材料。
（1）出纳填写电汇凭证（一式三联）到银行办理汇款业务。

项目三 银行结算业务

电汇凭证（回单）1

ICBC 中国工商银行

☐ 普通 ☐ 加急   委托日期：2014年11月23日   川B 00594370

汇款人	全称	绵阳华远电子科技有限公司	收款人	全称	成都红星公司
	账号	2308412319022115326		账号	230841231906735968
	汇出地点	四川 省 绵阳 市/县		汇入地点	四川 省 成都 市/县
	汇出行名称	中国工商银行绵阳剑南支行		汇入行名称	中国工商银行成都金牛区支行

金额 人民币（大写）：玖万叁仟陆佰元整

亿 千 百 十 万 千 百 十 元 角 分
　　　　　￥ 9 3 6 0 0 0 0

支付密码：867462
附加信息及用途：购货款

汇出行签章　　复核：　　记账：

此联汇出行给汇款人的回单

电汇凭证（借方凭证）2

ICBC 中国工商银行

☐ 普通 ☐ 加急   委托日期：2014年11月23日   川B 00594370

汇款人	全称	绵阳华远电子科技有限公司	收款人	全称	成都红星公司
	账号	2308412319022115326		账号	230841231906735968
	汇出地点	四川 省 绵阳 市/县		汇出地点	四川 省 成都 市/县
	汇出行名称	中国工商银行绵阳剑南支行		汇入行名称	中国工商银行成都金牛区支行

金额 人民币（大写）：玖万叁仟陆佰元整

亿 千 百 十 万 千 百 十 元 角 分
　　　　　￥ 9 3 6 0 0 0 0

此汇款支付给收款人

支付密码：867462
附加信息及用途：购货款

（绵阳华远电子科技有限公司 财务专用章）　王兰 印　雷玲 印

汇款人签章　　复核：　　记账：

此联汇出行作借方凭证

电汇凭证（汇款依据）3

ICBC 中国工商银行

☐ 普通 ☐ 加急   委托日期：2014年11月23日   川B 00594370

汇款人	全称	绵阳华远电子科技有限公司	收款人	全称	成都红星公司
	账号	2308412319022115326		账号	230841231906735968
	汇出地点	四川 省 绵阳 市/县		汇入地点	四川 省 成都 市/县
	汇出行名称	中国工商银行绵阳剑南支行		汇入行名称	中国工商银行成都金牛区支行

金额 人民币（大写）：玖万叁仟陆佰元整

亿 千 百 十 万 千 百 十 元 角 分
　　　　　￥ 9 3 6 0 0 0 0

支付密码：867462
附加信息及用途：购货款

复核：　　记账：

此联汇出行凭以汇出汇款

出纳岗位实训

(2) 取得电汇凭证 1 (回单)、支付汇款手续费。

中国工商银行 电汇凭证（借方凭证）1

□普通 □加急 委托日期：2014 年 11 月 23 日 川 B 00594370

汇款人	全称	绵阳华远电子科技有限公司	收款人	全称	成都红星公司
	账号	2308412319022115326		账号	2308412319067735968
	汇出地点	四川 省 绵阳 市/县		汇入地点	四川 省 成都 市/县
汇出行名称		中国工商银行绵阳剑南支行	汇入行名称		中国工商银行成都金牛区支行

金额（大写）：玖万叁仟陆佰元整　　亿千百十万千百十元角分　¥ 9 3 6 0 0 0 0

此汇款支付给收款人

支付密码：867462

附加信息及用途：购货款

（盖章：中国工商银行 绵阳剑南支行 业务办讫）　李花　　汇出行签章　　复核　　记账：

此联汇出行给汇款人的回单

中国工商银行汇款手续费按汇款金额的 1% 收取，最少 1.00 元，最多 50.00 元。

中国工商银行 收费凭证

2014 年 11 月 23 日

工本费付费户名：	绵阳华远电子科技有限公司					
工本费付费账号：	2308412319022115326					
手续费付费户名：	绵阳华远电子科技有限公司					
手续费付费账号：	2308412319022115326			使用凭证账号：	2308414109100060000	
服务项目（凭证种类）：	凭证号码段1：	凭证号码段2：	凭证号码段3：	工本费：	手续费：	金额小计：
汇款手续费					50.00	50.00
金额合计（大写）：	人民币（本位币）伍拾元整					
金额合计（小写）：	¥50.00					
地区号：02308	网点号：04111	操作柜员：01320	授权柜员：	交易时间：	记账：01320	

（盖章：中国工商银行股份有限公司绵阳分行 业务处理中心 业务专用章）

（3）会计根据增值税发票记账联（第三联）、电汇凭证1（回单）及银行收费单编制记账凭证。

付 款 凭 证

贷方科目：银行存款　　　　　2014年11月23日　　　　　　　　　付字第7号

摘　要	借方总账科目	明细科目	记账符号	金　额									附单据
				千	百	十	万	千	百	十	元	角	分
支付材料款及汇款手续费	在途物资					8	0	0	0	0	0	0	0
	应交税费	应交增值税（进项税额）				1	3	6	0	0	0	0	0
	财务费用	手续费								5	0	0	0
合　计							¥	9	3	6	5	0	0

财务主管：李林　　　记账：　　　出纳：雷玲　　　审核：　　　制单：张勇

业务二：2014年11月24日绵阳华远电子科技有限公司收到销售产品货款。

（1）出纳从银行打印业务回单（或收到银行收账通知单）（汇兑结算）。

ICBC 中国工商银行　　　业务回单 凭证（收款）

日期：2014年11月24日　　　　　回单编号：15061000002

付款人户名：四川英电纳子科技有限公司	付款人开户行：遂宁市商业银行股份有限公司总行营业部
付款人账号（卡号）：5002129500032	收款人开户行：中国工商银行绵阳剑南支行
收款人户名：绵阳华远电子科技有限公司	
收款人账号（卡号）：2308412319022115326	
金额：陆仟伍佰玖拾捌元捌角整	小写：¥6598.80
业务（产品）种类：转账　　凭证种类：000000000	凭证号码：00000000000000000
摘要：　　　用途：	币种：人民币
交易机构：0230800055　记账柜号：02763　交易代码：02713	渠道：柜台
汇划种类：银行承兑汇票　客户附言：　　用途：	

本回单为第1次打印，注意重复　　打印时间：2014年11月24日　　打印柜员：9　　验证码：D9198D73C006

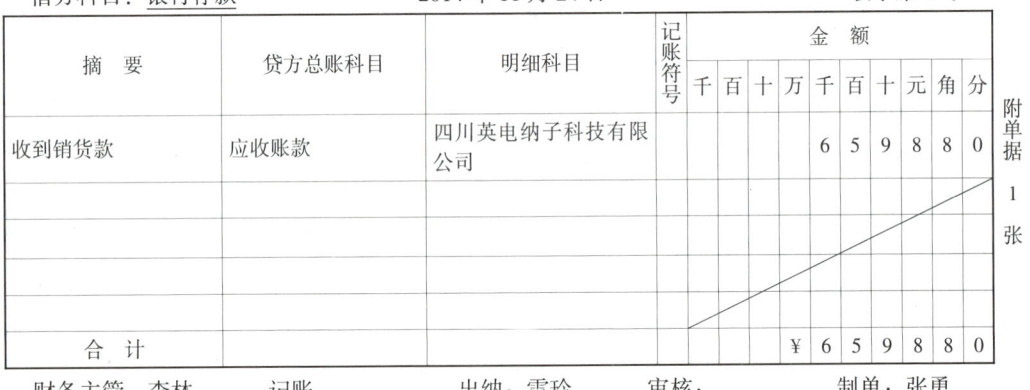

（2）会计根据业务回单（收款）编制记账凭证。

收 款 凭 证

借方科目：银行存款　　　　　2014 年 11 月 24 日　　　　　　收字第 5 号

摘　要	贷方总账科目	明细科目	记账符号	金额 千 百 十 万 千 百 十 元 角 分	
收到销货款	应收账款	四川英电纳子科技有限公司		6 5 9 8 8 0	附单据 1 张
合　计				￥　　　6 5 9 8 8 0	

财务主管：李林　　　记账：　　　　出纳：雷玲　　　审核：　　　制单：张勇

任务五　委托收款结算

　　委托收款是指收款人委托银行向付款人收取款项的结算方式。单位和个人凭已承兑的商业汇票、债券、存单等付款人债务证明办理款项的结算，均可以使用委托收款结算方式。

　　委托收款在同城、异地均可以使用，其结算款项的划回方式分为邮寄和电报两种，由收款人选用。

委托收款须记载下列事项：①表明"委托收款"的字样。②确定的金额。③付款人名称。④收款人名称。⑤委托收款凭证名称及附寄单证张数。⑥委托日期。⑦收款人签章（收款人在第二联托收凭证上加盖银行预留印鉴）。

委托收款一式五联，第一联（受理回单），作收款人开户银行给收款人的受理回单，由收款人开户银行审查无误后加盖印章退给收款人；第二联（贷方凭证），由收款人开户银行作为贷方凭证；第三联（借方凭证），由付款人开户银行作为借方凭证；第四联（汇款依据或收款通知），由付款人开户行凭以汇款或收款人开户银行作收账通知；第五联（付款通知），由付款人开户行给付款人作按期付款通知。

委托收款图样：

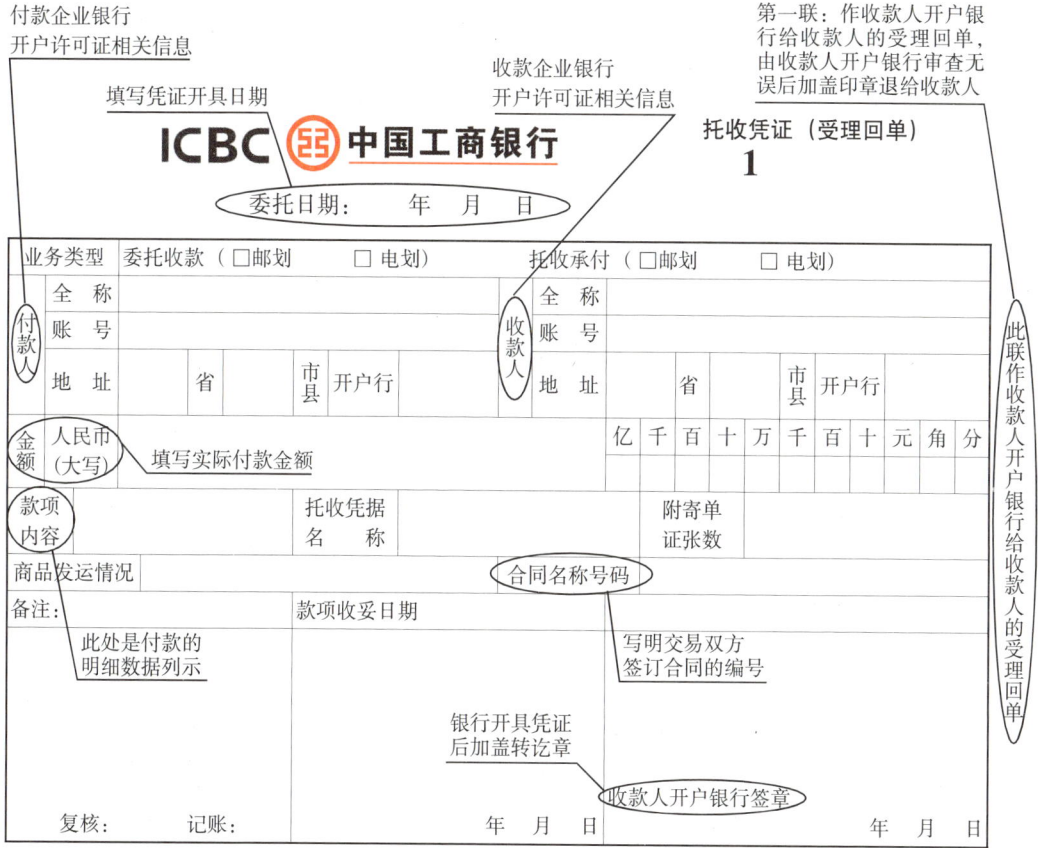

出纳岗位实训

中国工商银行 ICBC 托收凭证（贷方凭证） 2

委托日期：　年　月　日

业务类型	委托收款（□邮划　□电划）　托收承付（□邮划　□电划）		
付款人	全称　　账号　　地址　省　市县　开户行	收款人	全称　　账号　　地址　省　市县　开户行
金额	人民币（大写）　　　亿千百十万千百十元角分		
款项内容	托收凭据名称　　　　附寄单证张数		
商品发运情况	合同名称号码		
备注	款项收妥日期　　上列款项随附有关债务证明，请予办理　　收款人加盖银行预留印章		
收款人开户银行收到日期：年　月　日	收款人签章	复核：	记账：

此联由收款人开户银行作贷方凭证

业务一：2014 年 11 月 24 日，绵阳华远电子科技有限公司销售产品一批，采用委托收款结算方式。

（1）出纳填制委托收款凭证（一式五联）到银行办理委托收款业务。

5100133140　四川增值税专用发票　No.03991234

开票日期：2014 年 11 月 24 日

购货单位	名　称	四川英电纳子科技有限公司	密码区	03+319<*78-2>59*13712 34-8<53/534678<4>89/< 1-9/<+5+1-2<*806>*-+1 *2021>3944122<2>>>43		
	纳税人识别号	510789034514076				
	地址、电话	遂宁市玉龙路 16 号　0551-6937851				
	开户行及账号	遂宁市商业银行股份有限公司总行营业部 5002129500032				
货物或应税劳务名称	规格型号	单位	数量	单价	金额	税率	税额
单孔七圈磁盒		个	2000	1.20	2400.00	17%	408.00
双孔十圈磁盒		个	2500	1.80	4500.00	17%	765.00
合　计					¥6900.00		¥1173.00
价税合计（大写）	人民币捌仟零柒拾叁元整			（小写）	¥8073.00		
销货单位	名　称	绵阳华远电子科技有限公司	备注			
	纳税人识别号	510793769970265				
	地址、电话	绵阳市金菊街 8 号　0816-6732169				
	开户行及账号	中国工商银行绵阳剑南支行 2308412319022115326				

收款人：　　复核：　　开票人：陈强　　销货单位：（章）

第一联　记账联　销货方记账凭证

中国工商银行 托收凭证（受理回单） 1

委托日期：2014 年 11 月 24 日

业务类型	委托收款（□邮划　□电划）		托收承付（□邮划　☑电划）	
付款人	全称	四川英电纳子科技有限公司	收款人 全称	绵阳华远电子科技有限公司
	账号	5002129500032	账号	2308412319022115326
	地址	四川省 遂宁市县 开户行 遂宁市商业银行股份有限公司总行营业部	地址	四川省 绵阳市县 开户行 中国工商银行绵阳剑南支行
金额	人民币（大写）	捌仟零柒拾叁元整	亿 千 百 十 万 千 百 十 元 角 分	¥ 8 0 7 3 0 0
款项内容	货款		托收凭据名称 增值税发票	附寄单证张数 2张
商品发运情况	已发运		合同名称号码 购销合同985026	
备注：		款项收妥日期		收款人开户银行签章
复核：	记账：	年 月 日		年 月 日

此联作收款人开户银行给收款人的受理回单

中国工商银行 托收凭证（贷方凭证） 2

委托日期：2014 年 11 月 24 日

业务类型	委托收款（□邮划　□电划）		托收承付（□邮划　☑电划）	
付款人	全称	四川英电纳子科技有限公司	收款人 全称	绵阳华远电子科技有限公司
	账号	510789034514076	账号	2308412319022115326
	地址	四川省 遂宁市县 开户行 遂宁市商业银行股份有限公司总行营业部	地址	四川省 绵阳市县 开户行 中国工商银行绵阳剑南支行
金额	人民币（大写）	捌仟零柒拾叁元整	亿 千 百 十 万 千 百 十 元 角 分	¥ 8 0 7 3 0 0
款项内容	货款		托收凭据名称 增值税发票	附寄单证张数 2张
商品发运情况	已发运		合同名称号码 购销合同985026	
备注：		款项收妥日期	上列款项随附有关债务证明，请予办理 王兰 印　雷玲 印	
收款人开户银行收到日期 年 月 日			收款人签章	复核： 记账：

此联收款人开户银行作贷方凭证

ICBC 中国工商银行

托收凭证（借方凭证）
3

委托日期：2014 年 11 月 24 日　　付款期限：　年　月　日

业务类型	委托收款（□邮划　□电划）		托收承付（□邮划　☑电划）			
付款人	全称	四川英电纳子科技有限公司	收款人	全称	绵阳华远电子科技有限公司	
	账号	5002129500032		账号	2308412319022115326	
	地址	四川省 遂宁市县 开户行 遂宁市商业银行股份有限公司总行营业部		地址	四川省 绵阳市县 开户行 中国工商银行绵阳剑南支行	

金额　人民币（大写）：捌仟零柒拾叁元整

亿	千	百	十	万	千	百	十	元	角	分
				¥	8	0	7	3	0	0

款项内容	货款	托收凭据名称	增值税发票	附寄单证张数	2张

商品发运情况：已发运　　合同名称号码：购销合同 985026

备注：

付款人开户银行收到日期：　　收款人开户银行签章
　　年　月　日　　　　　　　　　年　月　日　　　复核：　　记账：

此联付款人开户银行作借方凭证

ICBC 中国工商银行

托收凭证（汇款依据或收账通知）
4

委托日期：2014 年 11 月 24 日　　付款期限：　年　月　日

业务类型	委托收款（□邮划　□电划）		托收承付（□邮划　☑电划）			
付款人	全称	四川英电纳子科技有限公司	收款人	全称	绵阳华远电子科技有限公司	
	账号	5002129500032		账号	2308412319022115326	
	地址	四川省 遂宁市县 开户行 遂宁市商业银行股份有限公司总行营业部		地址	四川省 绵阳市县 开户行 中国工商银行绵阳剑南支行	

金额　人民币（大写）：捌仟零柒拾叁元整

亿	千	百	十	万	千	百	十	元	角	分
				¥	8	0	7	3	0	0

款项内容	货款	托收凭据名称	增值税发票	附寄单证张数	2张

商品发运情况：已发运　　合同名称号码：购销合同 985026

备注：上列款项已划回收入你方账户内

收款人开户银行签章
　　　　　　　　　　年　月　日

复核：　记账：　　　　　　复核：　　记账：

此联付款人开户银行凭以汇款或收款人开户银行作收账通知

项目三 银行结算业务

ICBC 中国工商银行　　　　托收凭证（付款通知）

5

委托日期：2014 年 11 月 24 日　　　付款期限：　　年　月　日

业务类型	委托收款（□邮划　　□电划）				托收承付（□邮划　　☑电划）				
付款人	全　称	四川英电纳子科技有限公司			收款人	全　称	绵阳华远电子科技有限公司		
	账　号	5002129500032				账　号	2308412319022115326		
	地　址	四川　省　遂宁　市县	开户行	遂宁市商业银行股份有限公司总行营业部		地　址	四川　省　绵阳　市县	开户行	中国工商银行绵阳剑南支行
金额	人民币（大写）	捌仟零柒拾叁元整			亿 千 百 十 万 千 百 十 元 角 分				¥　　　　　8 0 7 3 0 0
款项内容	货款		托收凭据名称	增值税发票			附寄单证张数	2 张	
商品发运情况	已发运				合同名称号码	购销合同 985026			
备注：					付款人注意： 1. 根据支付结算方法，上列委托收款（托收承付）款项在付款期限内未提出拒付，即视为同意付款，以此代付款通知。 2. 如需提出全部或部分拒付，应在规定期限内，将拒付理由书并附债务证明退交开户银行。				
付款人开户银行收到日期： 　　　　　年　月　日			收款人开户银行签章 　　　　　年　月　日						
复核：　　记账：									

此联付款人开户银行作付款人按期付款通知

（2）收到托收凭证 1（回单），会计根据托收凭证回单编制记账凭证。

ICBC 中国工商银行　　　　托收凭证（受理回单）

1

委托日期：2014 年 11 月 24 日

业务类型	委托收款（□邮划　　□电划）				托收承付（□邮划　　☑电划）				
付款人	全　称	四川英电纳子科技有限公司			收款人	全　称	绵阳华远电子科技有限公司		
	账　号	5002129500032				账　号	2308412319022115326		
	地　址	四川　省　遂宁　市县	开户行	遂宁市商业银行股份有限公司总行营业部		地　址	四川　省　绵阳　市县	开户行	中国工商银行绵阳剑南支行
金额	人民币（大写）	捌仟零柒拾叁元整			亿 千 百 十 万 千 百 十 元 角 分				¥　　　　　8 0 7 3 0 0
款项内容	货款		托收凭据名称	增值税发票			附寄单证张数	2 张	
商品发运情况	已发运				合同名称号码	购销合同 985026			
备注：			款项收妥日期						
					收款人开户银行签章　　年　月　日 （中国工商银行绵阳剑南支行 业务章）　黄庆 2014 年 11 月 24 日				
复核：　　记账：									

此联作收款人开户银行给收款人的受理回单

转 账 凭 证

2014 年 11 月 24 日　　　　　　　　　　　　　　　　　　转字第 4 号

摘要	总账科目	明细科目	借方金额 亿千百十万千百十元角分	贷方金额 亿千百十万千百十元角分	√
销售产品、办	应收账款	四川英电纳子科技有限公司	8 0 7 3 0 0		☐
妥托收	主营业务收入			6 9 0 0 0 0	☐
	应交税费	应交增值税（进项税额）		1 1 7 3 0 0	☐
					☐
					☐
	合 计		￥ 8 0 7 3 0 0	￥ 8 0 7 3 0 0	☐

附单据 2 张

会计主管：李林　　记账：张勇　　出纳：雷玲　　复核：　　制单：张勇

（3）2014 年 11 月 25 日出纳打印业务回单或收到银行收账通知，会计编制记账凭证。

　　　　　　　　　　　　　　　　　　　　凭证
　　　　　　　　　　　　　　业务回单 （收款）

日期：2014 年 11 月 24 日　　　　　　回单编号：15061000002

付款人户名：四川英电纳子科技有限公司	付款人开户行：遂宁市商业银行股份有限公司总行营业部
付款人账号（卡号）：5002129500032	收款人开户行：中国工商银行绵阳剑南支行
收款人户名：绵阳华远电子科技有限公司	
收款人账号（卡号）：2308412319022115326	
金额：捌仟零柒拾叁元整	小写：¥8073.00
业务（产品）种类：委托收款　凭证种类：000000000	凭证号码：00000000000000000
摘要：　　用途：	币种：人民币
交易机构：0230800055　记账柜号：02763　交易代码：02713	渠道：柜台
汇划种类：委托收款　客户附言：　用途：	

（印章：中国工商银行绵阳剑南支行 自动回单机专用章 (002)）

本回单为第 1 次打印，注意重复　　打印时间：2014 年 11 月 25 日　　打印柜员：9　　验证码：D9198D73C006

项目三 银行结算业务

中国工商银行 托收凭证（汇款依据或收账通知）

4

委托日期：2014 年 11 月 24 日　　付款期限：　年　月　日

业务类型	委托收款（□邮划　□电划）				托收承付（□邮划　☑电划）			
付款人	全称	四川英电纳子科技有限公司			收款人	全称	绵阳华远电子科技有限公司	
	账号	5002129500032				账号	2308412319022115326	
	地址	四川省 遂宁市	开户行	遂宁市商业银行股份有限公司总行营业部		地址	四川省 绵阳市	开户行 中国工商银行绵阳剑南支行

金额	人民币（大写）	捌仟零柒拾叁元整		亿 千 百 十 万 千 百 十 元 角 分
				￥ 8 0 7 3 0 0

款项内容	货款	托收凭据名称	增值税发票	附寄单证张数	2张

商品发运情况	已发运	合同名称号码	购销合同 985026

备注：　　　款项收妥日期

上列款项已划回收入你方账户内

中国工商银行
绵阳剑南支行
2014.11.24

收款人开户银行签章
2014 年 11 月 24 日

复核：　　　记账：

此联收款人开户银行作贷方凭证

收款凭证

借方科目：银行存款　　　2014 年 11 月 25 日　　　收字第 6 号

摘要	贷方总账科目	明细科目	记账符号	金额 千 百 十 万 千 百 十 元 角 分
收到销货款	应收账款	四川英电纳子科技有限公司		8 0 7 3 0 0
合计				￥ 8 0 7 3 0 0

附单据 1 张

财务主管：李林　　记账：　　出纳：雷玲　　审核：　　制单：张勇

业务二：2014 年 11 月 26 日绵阳华远电子科技有限公司购买材料，采用委托收款结算方式。

(1) 购买材料取得增值税发票。

5100133140　　　四川增值税专用发票　　　No. 08692372
开票日期：2014 年 11 月 26 日

购货单位	名　称	绵阳华远电子科技有限公司				密码区	03+8233<*87-1>59*14735 34-8<45/259564<4>92/< 2-9/<+5+1-2<*806>*-+0 *1021><1543922<3>>>56		加密版本：01 1100121140 02000713
	纳税人识别号	510793769970265							
	地址、电话	绵阳市金菊街8号　0816-6732169							
	开户行及账号	中国工商银行绵阳剑南支行 2308412319022115326							
货物或应税劳务名称		规格型号	单位	数量	单价	金额		税率	税额
POE 磁芯			个	15000	0.12	1800.00		17%	306.00
POE 磁环			个	15000	0.15	2250.00		17%	382.50
合　计						¥4050.00			¥688.50
价税合计（大写）		人民币肆仟柒佰叁拾捌元伍角整				（小写）		¥4738.50	
销货单位	名　称	四川松田电子有限责任公司				备注			
	纳税人识别号	5103797683701647							
	地址、电话	绵阳市剑南路26号　0816-2675806							
	开户行及账户	中国建设银行绵阳剑南路支行 51001658638051500806							

收款人：　　　复核：　　　开票人：赵红　　　销货单位：（章）

第二联　抵扣联　购货方抵扣凭证

5100133140　　　四川增值税专用发票　　　No. 08692372
开票日期：2014 年 11 月 26 日

购货单位	名　称	绵阳华远电子科技有限公司				密码区	03+8233<*87-1>59*14735 34-8<45/259564<4>92/< 2-9/<+5+1-2<*806>*-+0 *1021><1543922<3>>>56		加密版本：01 1100121140 02000713
	纳税人识别号	510793769970265							
	地址、电话	绵阳市金菊街8号　0816-6732169							
	开户行及账户	中国工商银行绵阳剑南支行 2308412319022115326							
货物或应税劳务名称		规格型号	单位	数量	单价	金额		税率	税额
POE 磁芯			个	15000	0.12	1800.00		17%	306.00
POE 磁环			个	15000	0.15	2250.00		17%	382.50
合　计						¥4050.00			¥688.50
价税合计（大写）		人民币肆仟柒佰叁拾捌元伍角整				（小写）		¥4738.50	
销货单位	名　称	四川松田电子有限责任公司				备注			
	纳税人识别号	5103797683701647							
	地址、电话	绵阳市剑南路26号　0816-2675806							
	开户行及账户	中国建设银行绵阳剑南路支行 51001658638051500806							

收款人：　　　复核：　　　开票人：赵红　　　销货单位：（章）

第三联　发票联　购货方记账凭证

（2）11月28日出纳到开户银行打印业务回单或收到银行委托收款凭证5，会计根据业务回单编制记账凭证。

中国工商银行 业务回单（付款）凭证

日期：2014年11月28日　　　　回单编号：15061000002

付款人户名：绵阳华远电子科技有限公司	付款人开户行：中国工商银行绵阳剑南支行
付款人账号（卡号）：2308412319022115326	收款人开户行：中国建设银行绵阳剑南路支行
收款人户名：四川松田电子有限责任公司	
收款人账号（卡号）：51001658638051500806	
金额：肆仟柒佰叁拾捌元伍角整	小写：¥4738.50
业务（产品）种类：委托收款　凭证种类：000000000	凭证号码：00000000000000000
摘要：　　　　　用途：	币种：人民币
交易机构：0230800055　记账柜号：02763　交易代码：02713	渠道：柜台
汇划种类：委托收款　客户附言：　用途：	

本回单为第1次打印，注意重复　　打印时间：2014年11月28日　　打印柜员：9　　验证码：D9198D73C006

（中国建设银行绵阳剑南路支行　自动回单机专用章（002））

付 款 凭 证

贷方科目：银行存款　　　　2014年11月28日　　　　付字第8号

摘要	借方总账科目	明细科目	记账符号	金额 千百十万千百十元角分
支付材料款	在途物资			4 0 5 0 0 0
	应交税费	应交增值税（进项税额）		6 8 8 5 0
合　计				¥ 4 7 3 8 5 0

附单据 2 张

财务主管：李林　　记账：　　出纳：雷玲　　审核：　　制单：张勇

任务六　银行本票结算

一、银行本票结算的有关规定

（一）银行本票的种类

银行本票分为定额本票和不定额本票两种，银行本票一般指不定额本票。

定额银行本票一式一联，由中国人民银行总行统一规定票面规格、颜色和格式并统一印制。定额银行本票包括1000元、5000元、10000元和50000元四种面额。签发银行在签发定额银行本票时，应按照申请书的内容填写收款人名称，并用大写填写签发日期。用于转账的本票须在本票上划去"现金"字样，用于支取现金的须在本票上划去"转账"字样，在银行本票上加盖汇票专用章，连同"银行本票申请书"存根联一并交给申请人。未划去"转账"或"现金"字样的兑付银行将按照转账办理。

不定额银行本票一式两联，一联是签发银行结清本票时作付出传票，另一联由签发行留存作为结清本票时的传票附件。其具体规格、颜色和格式由中国人民银行各分行在其所辖范围内作统一规定，并由各银行印制。

（二）适用范围

单位和个人在同一票据交换区域各种款项的结算，均可使用银行本票。

（三）付款期

银行本票的提示付款期为自出票日起最长不得超过2个月。

（四）丧失处理

银行本票丧失，失票人可以凭人民法院出具的证明，向出票银行请求付款或退款。

（五）退款处理

申请人因银行本票超过付款期限或其他原因要求退款时，应将银行本票交给出票银行，申请人为单位的，应出具该单位的证明；申请人为个人的，应出具本人的身份证件。出票银行对于在本行开立存款户的申请人，只能将款项转入申请人账户，对于现金银行本票和未在本行开立存款账户的申请人，才能退付现金。

二、银行本票结算步骤

（一）付款单位结算步骤

（1）付款单位使用银行本票，应向银行填写"银行汇（本）票申请书"，填明收款人名称、支付金额、申请日期等事项并在第二联加盖预留银行的印章，申请人和收款人均为个人，如需要支取现金的，应在"支付金额"栏填写"现金"字样，后填写支付金额。

（2）将银行本票申请书送交银行，由银行签发银行本票，用压数机压印出票金额。

（3）从银行处领取银行本票申请书的回单联及银行本票。

（4）有关人员根据银行本票申请书的回单联填制记账凭证。

（5）出纳人员将银行本票交供应部门，采购人员持银行本票进行采购业务或进行款项结算，并将银行本票交给收款单位进行结算。

（6）有关人员根据从收款单位取得的发票等单据填制相关记账凭证。

（二）收款单位结算步骤

（1）销售部门从购货方取得银行本票后，交给财会部门。

（2）出纳人员审核银行本票的有关规定。

（3）出纳人员填写进账单，同时应在银行本票背面"持票人向银行提示付款签章"处签章，然后将银行本票及进账单送交开户银行，银行审查无误后办理转账。

（4）有关人员根据进账单的回单联填制记账凭证。

银行本票、定额本票图样：

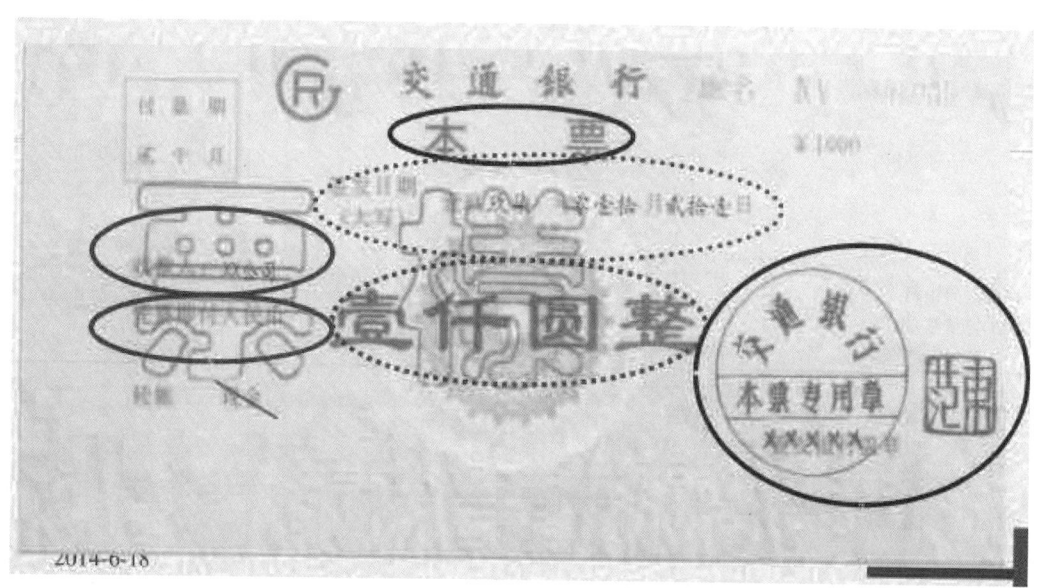

出纳岗位实训

××银行本票存根 本票号码：Ⅸ V00000000 地　名： 收款人： 金　额：壹万圆整 用　途： 科　目（借）：＿＿＿＿ 对方科目（贷）：＿＿＿＿ 出票日期：　年　月　日 出纳：　复核：　经办：	付款期限 ×个月 收款人 凭票即付人民币 转账　　现金	××银行　　地名　　本票号码 本　票 出票日期　年　月　日 （大写） 壹万圆整 ¥10000 出票行签章

不定额本票票样：

付款期限 贰个月	××银行 本　票（卡片）　　1 出票日期　年　月　日 （大写）	地　　本票号码 名 第　号
收款人：		
凭票即付	人民币 （大写）	
转　账　　现　金		
备注：		出纳：　复核：　经办：

本票的背书：

被背书人	被背书人	被背书人
    背书人签章 年　月　日	 背书人签章 年　月　日	 背书人签章 年　月　日
持票人向银行 提示付款签章	身份证件名称： 号　　码： 发证机关：	

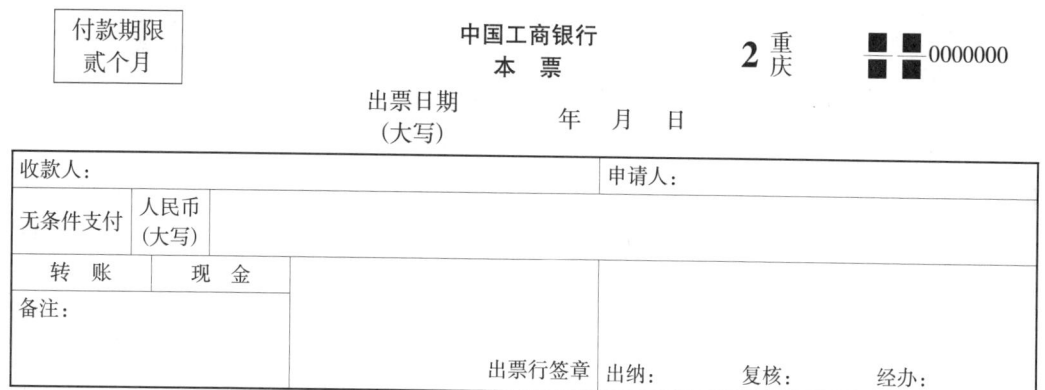

 出纳业务操作：①"本票"字样；②无条件支付承诺；③确定的金额；④收款人的名称；⑤出票日期；⑥出票人签名。

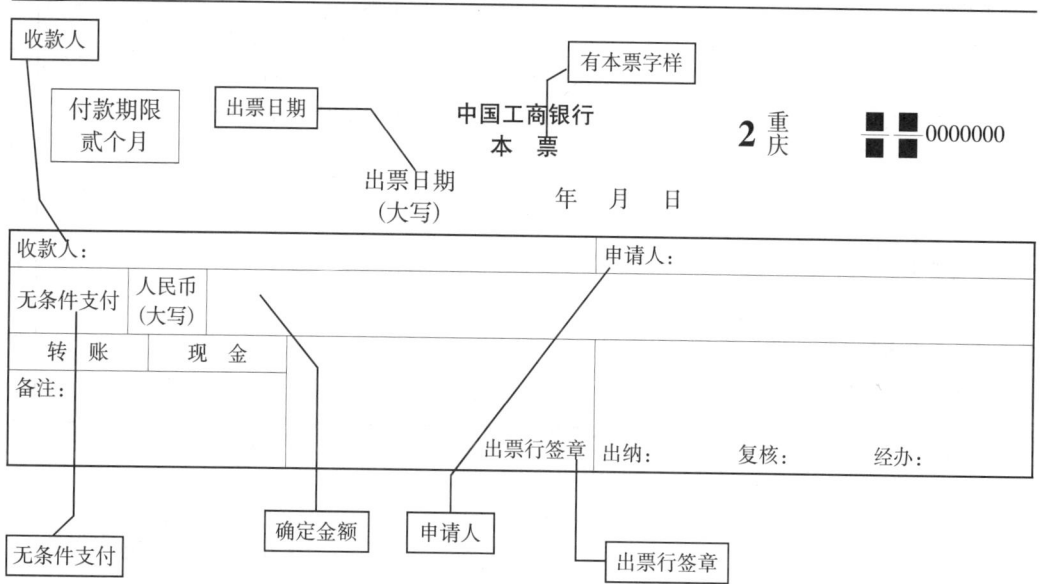

业务一：向银行申请银行本票购买材料。

（1）2014年11月29日出纳填写银行本票申请书（一式三联）向银行申请银行本票。

出纳岗位实训

| 付款期限 贰个月 | 中国工商银行 本 票 | 2 重庆 | ■■ 0000000 |

出票日期
（大写） 年 月 日

收款人： 申请人：
无条件支付 人民币（大写）
转账 现金
备注：
出票行签章 出纳： 复核： 经办：

第一联 客户回单

ICBC 中国工商银行   银行汇（本）票申请书   510000271634
币种：   2014 年 11 月 29 日   流水号：

业务类型	□ 银行汇票	☑ 银行本票	付款方式	□ 转账	□ 现金
申 请 人	绵阳华远电子科技有限公司		收 款 人	四川松田电子有限责任公司	
账 号	2308412319022115326		账 号	5100165863805150 0806	
用 途	购材料		代理付款行	中国建设银行绵阳剑南路支行	

| 申请金额 | 人民币（大写） | 玖仟元整 | 亿 千 百 十 万 千 百 十 元 角 分 |
| | | | ¥ 9 0 0 0 0 0 |

上述款项请从我账户内支付   支付密码：
（绵阳华远电子科技有限公司 财务专用章）（王兰 印）（雷玲 印）
申请人签章：   用途：

会计主管：   授权：   复核：   录入：

第二联 银行借方凭证

| 付款期限 贰个月 | 中国工商银行 本 票 | 2 重庆 | ■■ 0000000 |

出票日期
（大写） 年 月 日

收款人： 申请人：
无条件支付 人民币（大写）
转账 现金
备注：
出票行签章 出纳： 复核： 经办：

第三联 银行贷方凭证

（2）取得银行本票申请书第一联回单及银行本票2。

项目三 银行结算业务

ICBC 中国工商银行

银行汇（本）票申请书　　510000271634
2014 年 11 月 29 日　　流水号：

币种：

业务类型	□ 银行汇票　　☑ 银行本票	付款方式	□ 转账　　□ 现金
申请人	绵阳华远电子科技有限公司	收款人	四川松田电子有限责任公司
账　号	2308412319022115326	账　号	51001658638051500806
用　途	购材料	代理付款行	中国建设银行绵阳剑南路支行

申请金额	人民币（大写）	玖仟元整	亿	千	百	十	万	千	百	十	元	角	分
							￥	9	0	0	0	0	0

第一联　客户回单

支付密码：

（绵阳华远电子科技有限公司 财务专用章）　（王兰 印）（雷玲 印）

（中国工商银行 绵阳剑南支行 2014.11.29 转讫）

申请人签章：

会计主管：　　　授权：　　　复核：　　　录入：

付款期限　　　中国工商银行　　　地名　　　本票号码
贰个月　　　　本票（卡片）　　　　1　　　　第　号
　　　　　出票日期
　　　　　（大写）　贰零壹肆年拾壹月贰拾玖日

收款人：四川松田电子有限责任公司	科目（借）：_____
凭票即付人民币（大写）：玖仟元整	对方科目（贷）：_____
转账　　　现金	付款日期：　年　月　日
备注：	出纳：　复核：　记账：
（中国工商银行 本票专用章）	
出票行签章	

● 此联出票行留存，结清本票时作借方凭证附件。

付款期限　　　中国工商银行　　　地名　　　本票号码
贰个月　　　　本票（卡片）　　　　2　　　　第　号
　　　　　出票日期
　　　　　（大写）　贰零壹肆年拾壹月贰拾玖日

收款人：四川松田电子有限责任公司	科目（借）：_____
凭票即付人民币（大写）：玖仟元整	对方科目（贷）：_____
转账　　　现金	付款日期：　年　月　日
备注：	出纳：　复核：　记账：
（中国工商银行 本票专用章）（徐兵 印）	
出票行签章	

● 此联出票行留存，结清本票时作借方凭证。

被背书人	被背书人	被背书人
背书人	背书人	背书人
日期： 年 月 日	日期： 年 月 日	日期： 年 月 日

（3）会计根据银行本票申请书1（回单）编制记账凭证。

付 款 凭 证

贷方科目：银行存款　　　　　　2014年11月29日　　　　　　付字第9号

摘　要	借方总账科目	明细科目	记账符号	金　额 千 百 十 万 千 百 十 元 角 分	
向银行申请开出银行本票	其他货币资金	银行本票存款		9 0 0 0 0 0	附单据1张
合　计				¥ 9 0 0 0 0 0	

财务主管：李林　　　记账：　　　　出纳：雷玲　　　审核：　　　　制单：张勇

（4）2014年11月30日采购员持银行本票2采购材料。

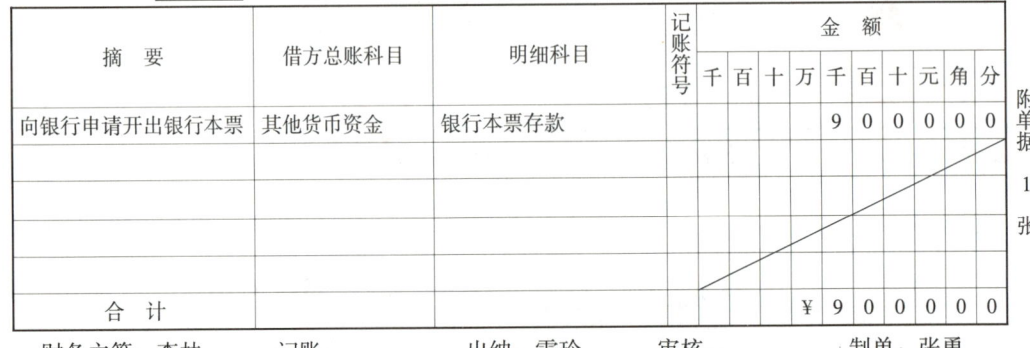

	5100133140		四川增值税专用发票			No.0348764 开票日期：2014年11月30日			
购货单位	名　称	绵阳华远电子科技有限公司			密码区	03+8233<*87-1>59*14735 34-8</45/259564<4>92/< 2-9/<+5+1-2<*806>*-+0 *1021><1543922<3>>>56		加密版本：01 1100121140 02000713	
	纳税人识别号	510793769970265							
	地址、电话	绵阳市金菊街8号　0816-6732169							
	开户行及账号	中国工商银行绵阳剑南支行 2308412319022115326							
货物或应税劳务名称	规格型号	单位	数量	单价	金额	税率	税额		
POE 磁芯		个	40000	0.12	4800.00	17%	816.00		
POE 磁环		个	15000	0.15	2250.00	17%	382.50		
合　计					¥7050.00		¥1198.50		
价税合计（大写）	人民币捌仟贰佰肆拾捌元伍角整				（小写）		¥8248.50		
销货单位	名　称	四川松田电子有限责任公司			备注				
	纳税人识别号	5103797683701647							
	地址、电话	绵阳市剑南路26号　0816-2675806							
	开户行及账号	中国建设银行绵阳剑南路支行 51001658638051500806							

收款人：　　　　　　复核：　　　　　　开票人：　　　　　　销货单位：（章）

项目三　银行结算业务

5100133140　　　　　四川增值税专用发票　　　　　No. 0348764
开票日期：2014 年 11 月 30 日

购货单位	名　称	绵阳华远电子科技有限公司	密码区	03+8233<*87-1>59*14735	加密版本：01
	纳税人识别号	510793769970265		34-8<45/259564<4>92/<	1100121140
	地址、电话	绵阳市金菊街8号　0816-6732169		2-9/<+5+1-2<*806>*-+0	02000713
	开户行及账号	中国工商银行绵阳剑南支行 2308412319022115326		*1021><1543922<3>>>56	

货物或应税劳务名称	规格型号	单位	数量	单价	金额	税率	税额
POE 磁芯		个	40000	0.12	4800.00	17%	816.00
POE 磁环		个	15000	0.15	2250.00	17%	382.50
合　计					¥7050.00		¥1198.50
价税合计（大写）	人民币捌仟贰佰肆拾捌元伍角整				（小写）		¥8248.50

销货单位	名　称	四川松田电子有限责任公司	备注	
	纳税人识别号	5103797683701647		
	地址、电话	绵阳市剑南路26号　0816-2675806		
	开户行及账号	中国建设银行绵阳剑南路支行 51001658638051500806		

收款人：　　　复核：　　　开票人：　　　销货单位：（章）

（5）11月30日出纳到开户银行打印业务回单，同时收到银行本票多余款项，会计编制记账凭证。

　　　凭证
业务回单（付款）

日期：2014 年 11 月 30 日　　　回单编号：15061000002

付款人户名：	绵阳华远电子科技有限公司	付款人开户行：中国工商银行绵阳剑南支行
付款人账号（卡号）：	2308412319022115326	收款人开户行：中国建设银行绵阳剑南路支行
收款人户名：	四川松田电子有限责任公司	
收款人账号（卡号）：	51001658638051500806	
金额：	捌仟贰佰肆拾捌元伍角整	小写：¥8248.50
业务（产品）种类：银行本票	凭证种类：000000000	凭证号码：00000000000000000
摘要：	用途：	币种：人民币
交易机构：0230800055　记账柜号：02763　交易代码：02713		渠道：柜台
汇划种类：银行本票	客户附言：　　　用途：	

本回单为第1次打印，注意重复　　打印时间：2014 年 11 月 30 日　　打印柜员：9　　验证码：D9198D73C006

转 账 凭 证

2014 年 11 月 30 日   转字第 5 号

摘要	总账科目	明细科目	借方金额 亿千百十万千百十元角分	贷方金额 亿千百十万千百十元角分	√
购入材料、以	在途物资		7 0 5 0 0 0		
银行本票结算	应交税费	应交增值税 (进项税额)	1 1 9 8 5 0		
	其他货币资金	银行本票存款		8 2 4 8 5 0	
合 计			¥ 8 2 4 8 5 0	¥ 8 2 4 8 5 0	

附单据 2 张

会计主管：李林　　记账：张勇　　出纳：　　复核：　　制单：张勇

 凭证
业务回单（收款）

日期：2014 年 11 月 30 日　　　　回单编号：15061000002

付款人户名：	四川松田电子有限责任公司	付款人开户行：	中国建设银行绵阳剑南路支行
付款人账号（卡号）：	51001658638051500806	收款人开户行：	中国工商银行绵阳剑南支行
收款人户名：	绵阳华远电子科技有限公司		
收款人账号（卡号）：	23084123190221115326		
金额：	柒佰伍拾壹元伍角整	小写：¥751.50	
业务（产品）种类：银行本票	凭证种类：000000000	凭证号码：0000000000000000	
摘要：	用途：	币种：人民币	（中国工商银行绵阳剑南支行 自动回单机专用章 (002)）
交易机构：0230800055	记账柜员：02763	交易代码：02713	渠道：柜台
汇划种类：银行本票	客户附言：	用途：	

本回单为第 1 次打印，注意重复　　打印时间：2014 年 11 月 30 日　　打印柜员：9　　验证码：D9198D73C006

收 款 凭 证

借方科目：银行存款　　　　2014 年 11 月 30 日　　　　收字第 7 号

摘要	贷方总账科目	明细科目	记账符号	金额 千百十万千百十元角分
收到银行本票余款	其他货币资金	银行本票存款		7 5 1 5 0
合 计				¥ 7 5 1 5 0

附单据 1 张

财务主管：李林　　记账：　　出纳：雷玲　　审核：　　制单：张勇

项目三　银行结算业务

业务二：2014 年 11 月 30 日，绵阳华远电子科技有限公司销售产品，采用银行本票结算。

5100133140　　　　四川增值税专用发票　　　　No. 38990903

开票日期：2014 年 11 月 30 日

	名　称	四川绵阳久久电子科技有限公司				03+319<*78-2>59*13712		
购货单位	纳税人识别号	510700729812978				34-8<53/534678<4>89/<		
	地址、电话	四川省绵阳市涪城区红星街 188 号 0816-2266875			密码区	1-9/<+5+1-2<*806>*-+1		
	开户行及账号	中国工商银行绵阳市涪城区支行 240101040002467				*2021>3944122<2>>>43		
货物或应税劳务名称		规格型号	单位	数量	单价	金额	税率	税额
单孔七圈磁盒			个	3000	1.20	3600.00	17%	612.00
双孔十圈磁盒			个	2000	1.80	3600.00	17%	612.00
合　计						¥7200.00		¥1224.00
价税合计（大写）		人民币捌仟肆佰贰拾肆元整				（小写）		¥8424.00
销货单位	名　称	绵阳华远电子科技有限公司			备注			
	纳税人识别号	510793769970265						
	地址、电话	绵阳市金菊街 8 号　0816-6732169						
	开户行及账号	中国工商银行绵阳剑南支行 2308412319022115326						

收款人：　　　　复核：　　　　开票人：陈强　　　　销货单位：（章）

第一联　记账联　销货方记账凭证

（1）出纳收到银行本票背书、填写进账单（一式三联）交开户银行。

付款期限 ×个月	中国工商银行 本票（卡片） 出票日期 （大写）	地名 2 贰零壹肆年拾壹月贰拾贰日	本票号码 第　号
收款人：绵阳华远电子科技有限公司		科目（借）：_____	
凭票即付人民币（大写）：玖仟元整		对方科目（贷）：_____	
转账	现金	付款日期：　年　月　日	
备注：		出纳：　复核：　记账：	
	中国工商银行 本票专用章　徐兵印 出票行签章		

● 此联出票行留存，结清本票时作借方凭证

被背书人：中国工商银行绵阳剑南支行	被背书人	被背书人	
[绵阳华远电子科技有限公司 财务专用章印章] [王兰 印] [雷玲 印] 背书人签章 2014 年 11 月 30 日	背书人签章 年 月 日	背书人签章 年 月 日	粘贴单处
持票人向银行提示付款签章	身份证件名称： 号　　码： 发 证 机 关：		

ICBC 中国工商银行 进账单（贷方凭证）1

2014 年 11 月 30 日

出票人	全　称	四川绵阳久久电子科技有限公司	收款人	全　称	绵阳华远电子科技有限公司	亿 千 百 十 万 千 百 十 元 角 分	此联汇出行凭以汇出汇款
	账　号	240101040002467		账　号	2308412319022115326		
	开户银行	中国工商银行绵阳市涪城区支行		开户银行	中国工商银行绵阳剑南支行		
金额	人民币（大写）	捌仟肆佰贰拾肆元整				￥8 4 2 4 0 0	
票据种类	银行本票	票据张数	1				
票据号码	7654309						
备注：					复核： 记账：		

ICBC 中国工商银行 进账单（回　单）2

2014 年 11 月 30 日

出票人	全　称	四川绵阳久久电子科技有限公司	收款人	全　称	绵阳华远电子科技有限公司	亿 千 百 十 万 千 百 十 元 角 分	此联是开户银行交给持（出）票人的回单
	账　号	240101040002467		账　号	2308412319022115326		
	开户银行	中国工商银行绵阳市涪城区支行		开户银行	中国工商银行绵阳剑南支行		
金额	人民币（大写）	捌仟肆佰贰拾肆元整				￥8 4 2 4 0 0	
票据种类	银行本票	票据张数	1				
票据号码	7654309						
复核： 记账：					开户银行签章		

进账单（收账通知）3

中国工商银行

2014 年 11 月 30 日

出票人	全称	四川绵阳久久电子科技有限公司	收款人	全称	绵阳华远电子科技有限公司
	账号	240101040002467		账号	2308412319022115326
	开户银行	中国工商银行绵阳市涪城区支行		开户银行	中国工商银行绵阳剑南支行

金额	人民币（大写）	捌仟肆佰贰拾肆元整	亿 千 百 十 万 千 百 十 元 角 分
			￥ 8 4 2 4 0 0

票据种类	银行本票	票据张数	1
票据号码		7654309	

复核：　　记账：　　　　　　　　　　收款人开户银行签章

此联是收款人开户银行交给收款人的收账通知

（2）取得进账单 2（回单）。

进账单（回单）2

中国工商银行

2014 年 11 月 30 日

出票人	全称	四川绵阳久久电子科技有限公司	收款人	全称	绵阳华远电子科技有限公司
	账号	240101040002467		账号	2308412319022115326
	开户银行	中国工商银行绵阳市涪城区支行		开户银行	中国工商银行绵阳剑南支行

金额	人民币（大写）	捌仟肆佰贰拾肆元整	亿 千 百 十 万 千 百 十 元 角 分
			￥ 8 4 2 4 0 0

票据种类	银行本票	票据张数	1
票据号码		7654309	

中国工商银行
绵阳剑南支行
业务章

徐洪胜

复核：　　记账：　　　　　　　　　　开户银行签章

此联是开户银行交给持（出）票人的回单

（3）会计根据增值税发票记账联、进账单 2（回单）编制记账凭证。

收 款 凭 证

借方科目：银行存款　　　　2014 年 11 月 30 日　　　　收字第 9 号

摘要	贷方总账科目	明细科目	记账符号	金额 千 百 十 万 千 百 十 元 角 分
销售产品、收到银行本票	主营业务收入			7 2 0 0 0 0
	应交税费	应交增值税（进项税额）		1 2 2 4 0 0
合　计				￥ 8 4 2 4 0 0

附单据 2 张

财务主管：李林　　记账：　　出纳：雷玲　　审核：　　制单：张勇

任务七　网银结算

一、网上银行的概念及特点

（一）网上银行的概念

网上银行又称网络银行、在线银行，是指银行利用 Internet 技术向客户提供开户、查询、对账、行内转账、跨行转账、信贷、网上证券、投资理财等传统服务项目，使客户可以足不出户就能够安全便捷地管理活期和定期存款、支票、信用卡及个人投资等。可以说，网上银行是在 Internet 上的虚拟银行柜台。

网上银行又被称为"3A 银行"，因为它不受时间、空间限制，能够在任何时间（Anytime）、任何地点（Anywhere），以任何方式（Anyway）为客户提供金融服务。

（二）网上银行的特点

1. 全面实现无纸化交易

以前使用的票据和单据大部分被电子支票、电子汇票和电子收据所代替；原有的纸币被电子货币，即电子现金、电子钱包、电子信用卡所代替；原有纸质文件的邮寄变为通过数据通信网络进行传送。

2. 服务方便、快捷、高效、可靠

通过网络银行，用户可以享受到方便、快捷、高效和可靠的全方位服务。任何需要的时候使用网络银行的服务，不受时间、地域的限制，即实现"3A"服务。

3. 成本低廉

网络银行费用较低，有较大的吸引力。

4. 简单易用

网上 E-mail 通信方式也非常灵活方便，便于客户与银行之间以及银行内部的沟通。

备注：网页上只展现四大特点，点击各特点，弹出特点介绍。

二、网上银行的业务功能

（1）银行账户。随时随地获取本人网银关联账户信息，查询账户余额、交易明细、电子现金服务、申请定期/活期账户或全部关联账户的资产汇总报告、银行本票/汇票申请、自助关联、借记卡临时挂失、账户冻结止付、预约换卡、账户短信服务。

转账汇款：包括关联账户转账、中行内转账汇款、国内跨行转账汇款、跨境汇款、批量转账以及收款人管理、定期存款、通知存款、主动收款、转账记录查询和预约管理、汇款笔数套餐、密码汇款以及交易限额设定。

（2）投资理财。进行便捷的网上专属理财、银行理财计划、外汇、双向宝、账户贵金属、基金、B股银证转账、第三方存管、国债、贵金属代理、期权、银期转账、保险。

（3）公用服务缴费：自助缴纳多种日常费用，如固定电话费、手机费等（各省缴费项目有所不同）并提供预付卡充值查询服务。以各地区提供的代缴费品种为准。

（4）结售汇：提供实时查询个人客户的结售汇额度，在确保符合个人结售汇年度总额管理要求的前提下，通过网上银行为个人客户快捷地完成网上银行渠道的购汇及结汇业务。

（5）信用卡：在线查询信用卡的账户和账单信息、随时进行信用卡的在线还款或向他人持有的中国银行信用卡账户转账；还可设定信用卡的自动还款方式、网上申请信用卡、信用卡账单分期与消费分期付款、附属卡管理、信用卡功能设定、电子支付信用卡、信用卡3D认证设定、信用卡虚拟卡。

（6）电子支付：在线开通网上支付服务、管理用于网上支付的银行卡和支付限额，查询本人网上支付交易记录。

（7）贷款管理：提供在中国银行开办贷款的历史还款记录、逾期未还贷款、剩余应还贷款的网上查询和提前还款测算。网银可查询品种限于可在柜台办理的个人贷款品种。

（8）个人设定：为网银关联账户设定个性化的别名、取消网银关联账户的关联关系、设置本人交易限额、更新个人资料、更改网银密码、设置欢迎信息、开通/关闭手机银行、电话银行开通等。

三、网上银行的主要安全措施

1. 移动数字证书

移动数字证书是用于网上银行电子签名和数字认证的工具，它内置微型智能卡处理器，它的作用是在办理网上银行业务时保护着网上银行资金安全，规避黑客、假网站、木马病毒等各种风险。中国工商银行叫U盾，中国农业银行叫K宝，中国建设银行叫网银盾，光大银行叫阳光网盾，在支付宝中叫支付盾。用户在柜台注册时可获取移动数字证书。

2. 动态口令卡

动态口令卡相当于一种动态的电子银行密码。口令卡上以矩阵的形式印有若干字符串，客户在使用电子银行（包括网上银行或电话银行）进行对外转账、B2C购物、缴费等支付交易时，电子银行系统就会随机给出一组口令卡坐标，客户根据坐标从卡片中找到口令组合并输入电子银行系统。只有当口令组合输入正确时，客户才能完成相关交易。这种口令组合是动态变化的，使用者每次使用时输入的密码都不一样，交易结束后即失效，从而杜绝不法分子通过窃取客户密码盗窃资金，保障电子银行安全。

3. 交易限额控制

交易限额控制是指网上银行系统对各类资金交易均设定了交易限额，以进一步保证客户资金的安全。

4. 手机短信认证

手机短信认证是指客户在使用身份确认工具进行交易确认过程中，用手机短信配合验证的一种交易确认方式。当客户开通手机短信认证功能后，在进行对外支付时，电子银行客户将收到验证码。

四、网银结算

企业网上银行是指通过互联网或专线网络，设立的虚拟银行柜台，客户通过互联网联网或其他公共信息将企业银行的电脑终端与银行网站相连，实现将银行服务直接送到客户办公室的服务系统。为企业客户提供账户查询、转账结算、投资理财、社会保险等服务。

企业网银涉及的资金金额往往较大，需要特别注意安全，而且为了与单位内部财务制度匹配，企业网银一般都会有2个或2个以上的U盾，基本搭配是：一个操作（出纳）、一个授权（复核，会计）。如果操作的权限为"0"的话，每一笔支付都需要经过授权的U盾复核。

（一）网银付款业务

企业网银付款业务流程：

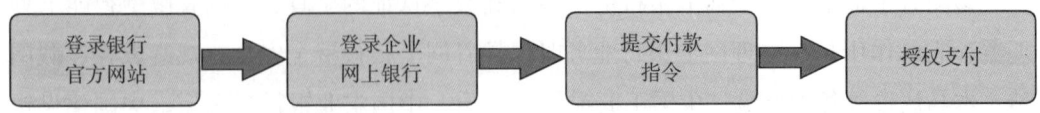

（1）在开通网上银行的情况下，用网上银行办理业务时，插入U盾，登录银行官方网站。

（2）单击"企业网上银行登录"。

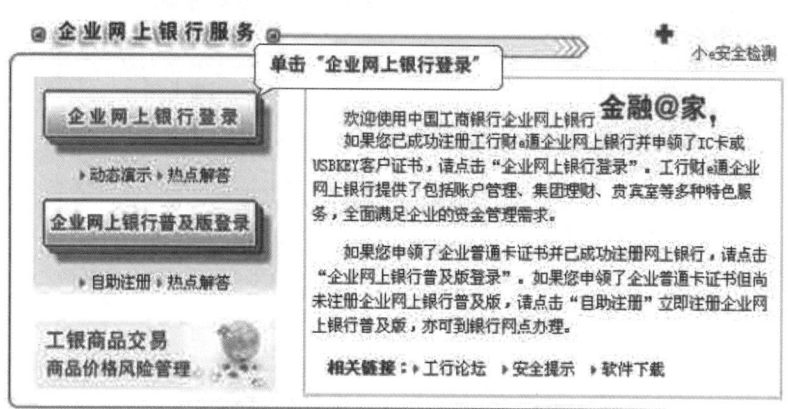

（3）选择数字证书，单击"确定"。

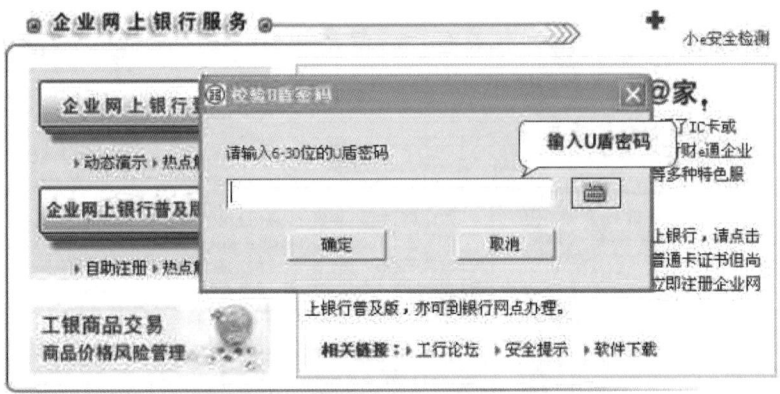

（4）输入U盾密码，单击"确定"。

（5）企业网银支付流程——提交付款指令。选择付款业务：

项目三 银行结算业务

第一步：输入汇款单位信息。

第二步：输入收款单位信息。

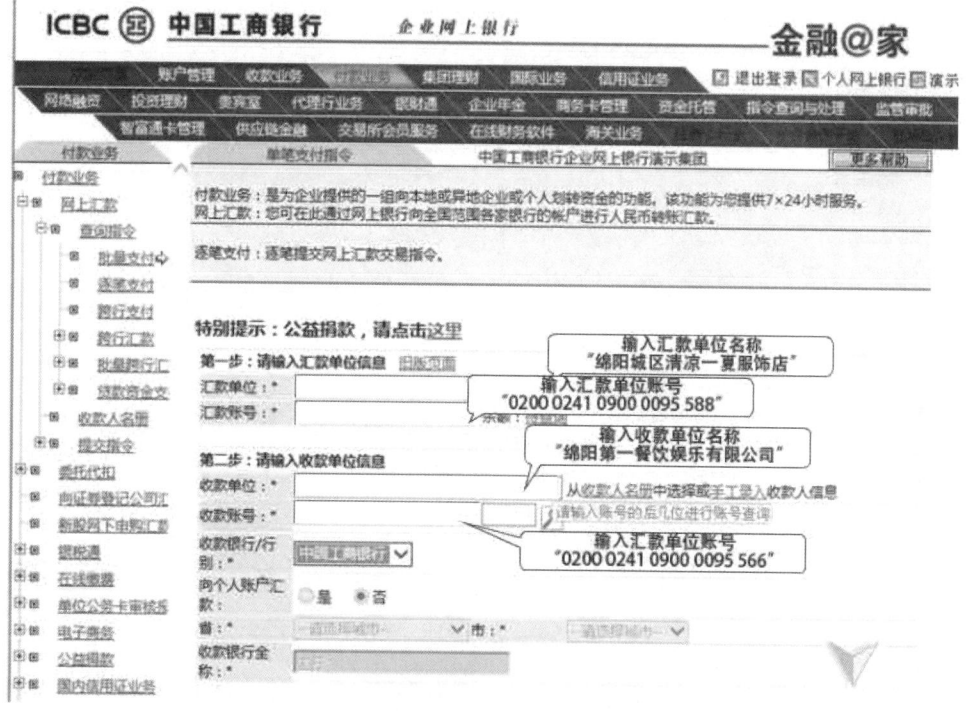

第三步：输入汇款金额及汇款方式。

第四步：确认是否向相关人员发送短信。

第五步：核对信息正确后，输入验证码，单击"确定"。

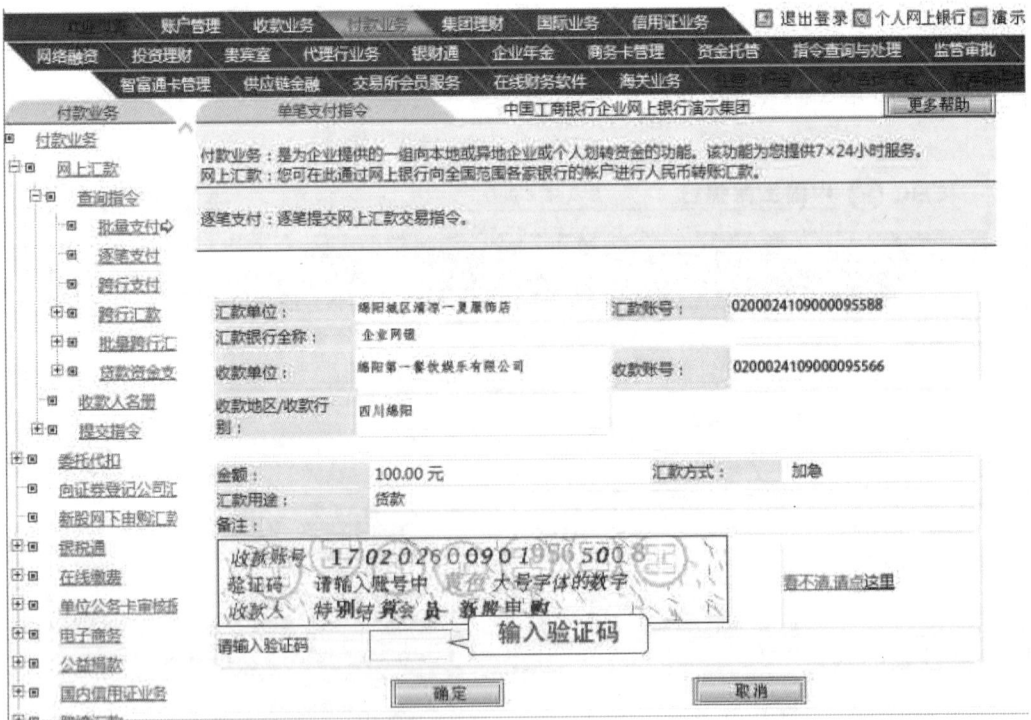

项目三　银行结算业务

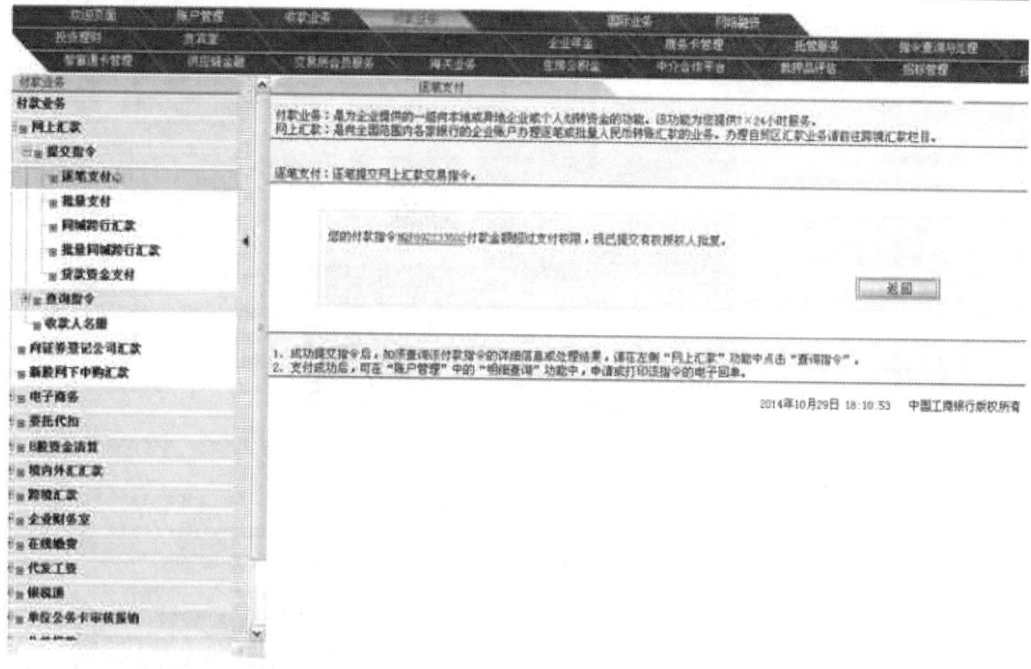

第六步：提交授权人批复，单击返回，提交付款指令完成。

（6）企业网银支付流程——授权支付。

第一步：插入U盾，下载客户端并安装。

第二步：登录银行官方网站。

第三步：打开受信任站点。

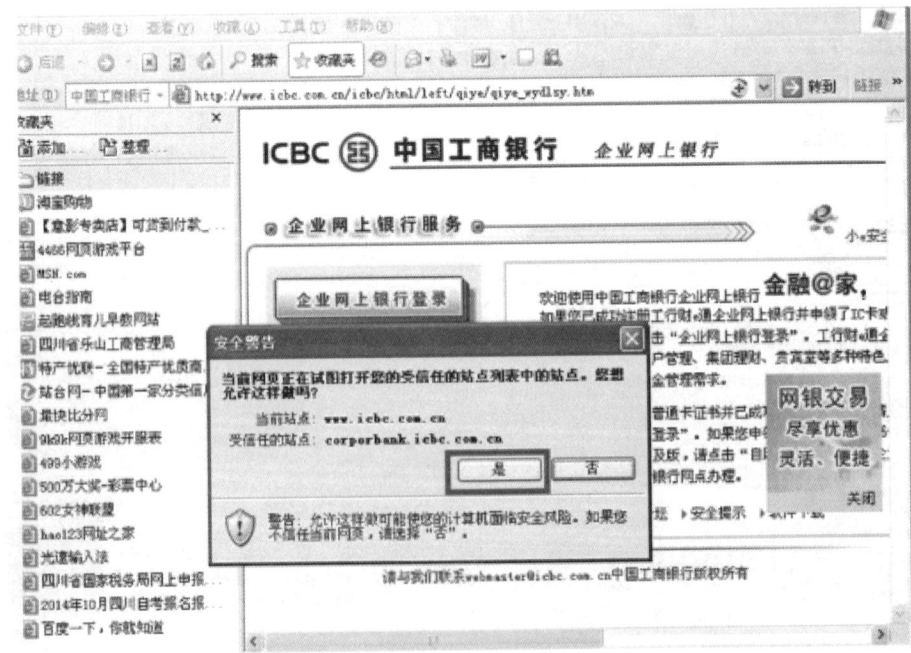

第四步：选择企业网上银行登录。

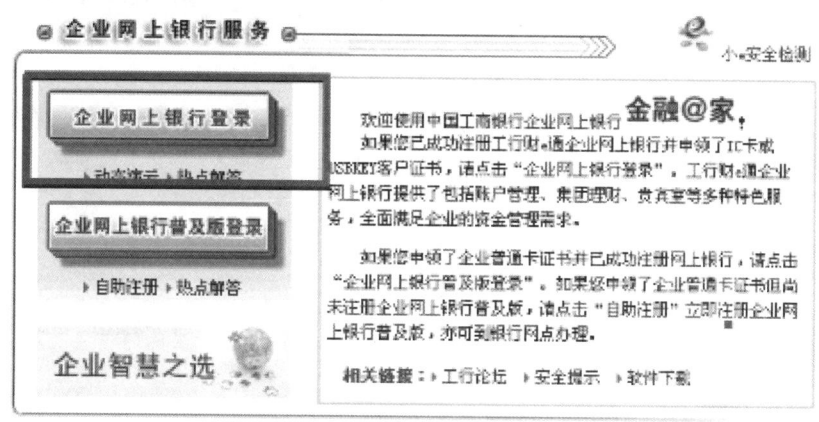

第五步：正确输入密码，单击"确定"。

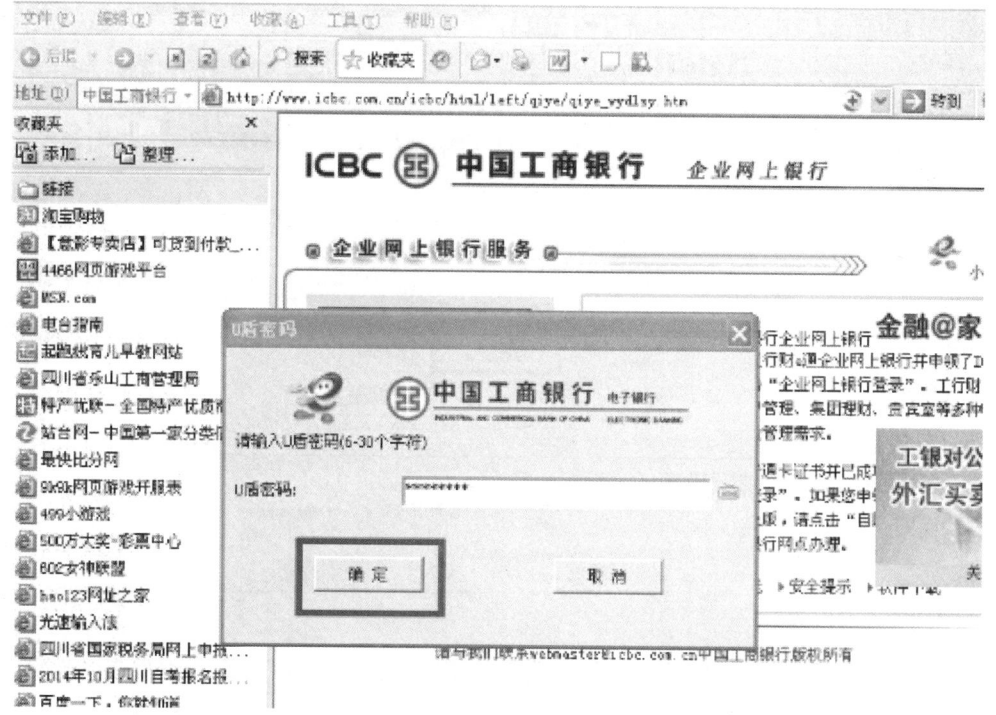

第六步：选择付款业务。

出纳岗位实训

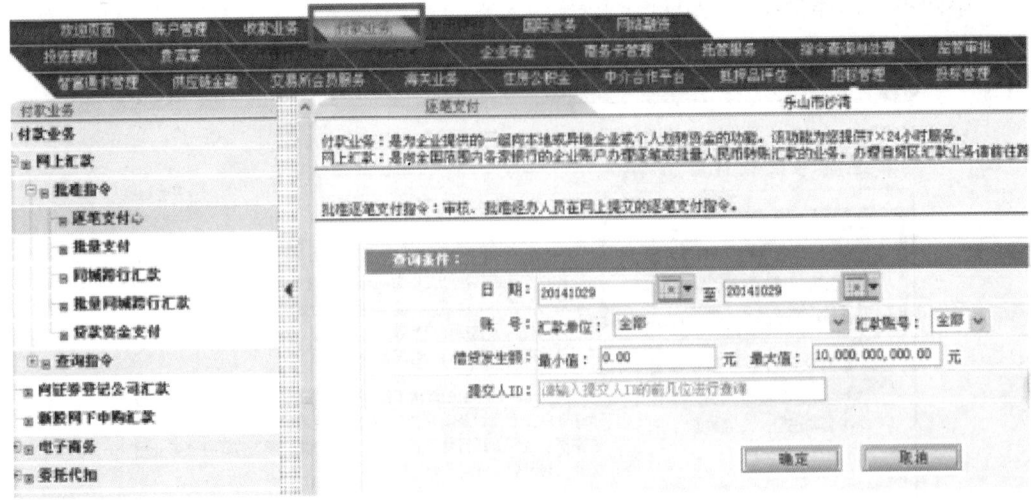

第七步：单击"交易序号"，进入授权页面。

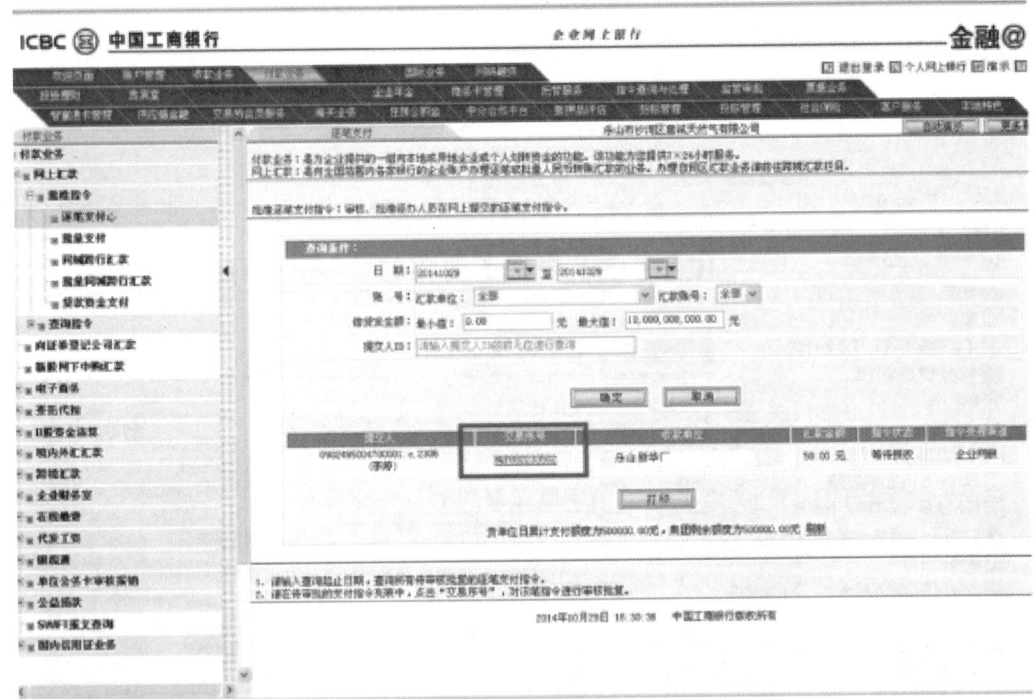

第八步：在页面中审核信息是否正确，如正确单击"批准"，如错误单击"放弃"。

项目三　银行结算业务

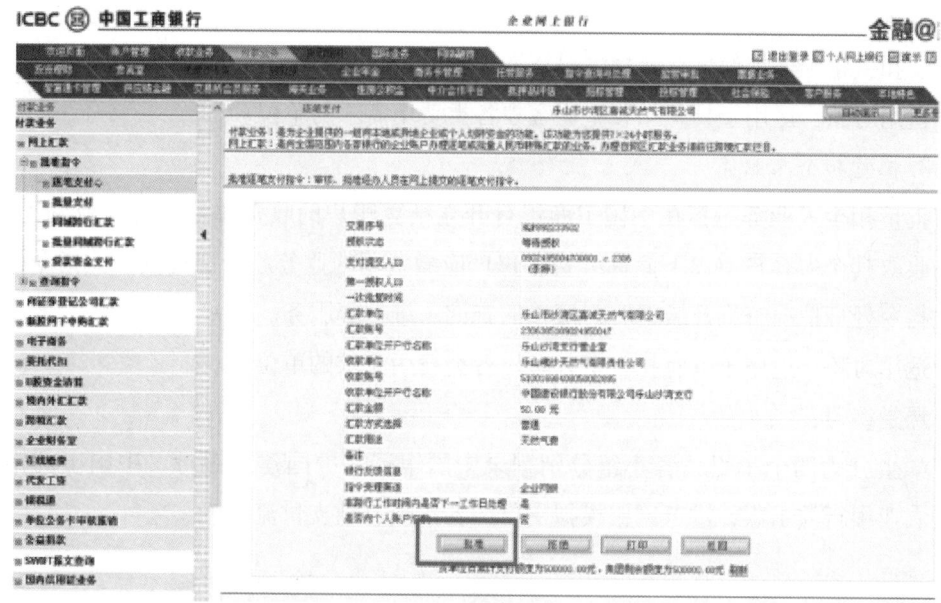

第九步：U 盾上显示付款单位及金额，若批准付款单击 OK 键成功付款；若不批准付款单击 C 键。操作完成后为保证安全，及时拔出 U 盾。

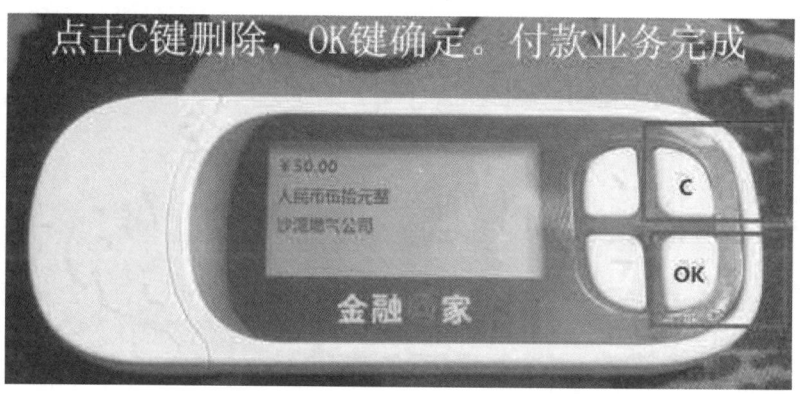

（二）网银收款业务

网银收款业务分为自动收款业务、批量扣企业业务、批量扣个人业务三种。

1. 自动收款业务

自动收款业务是中国工商银行为集团客户提供的通过网上银行对分支机构账户资金进行余额自动上收的业务。可以按照集团企业客户事先设置的限定条件对客户分支机构账户资金进行余额自动上收。

适用对象：适用于具有统一管理集团分支机构账户资金需求的客户。

2. 批量扣企业业务

批量扣企业业务是指收款客户通过中国工商银行网上银行主动收取其经过授权/签

约企业客户（以下简称缴费客户）各类应缴费用的一项收费业务。为你提供扣款指令提交、扣款指令详细信息及处理情况查询等服务。

适用对象：适用于具有扣收企业客户各类费用需求的单位。

3. 批量扣个人业务

批量扣个人业务是指在中国工商银行开立结算账户的收费单位通过企业网上银行主动收取其个人客户（以下简称缴费客户）应缴费用的业务。为您提供扣款指令提交、扣款指令处理情况查询及缴费客户清单的查询、维护等服务。

适用对象：适用于具有扣收个人客户各类费用需求的单位。

课堂练习：

学生分为四个小组，各小组分别登录中国银行、中国建设银行、中国工商银行、中国农业银行演示版，进行网银模拟支付。各小组总结支付流程。

课后练习：

2014年11月，绵阳华远电子科技有限公司发生以下经济业务：

（1）8日，向四川松田电子有限责任公司开出转账支票一张，用于购买POE磁芯5000个，单价0.12元/个；POE磁环5000个，单价0.15元/个，已开出增值税专用发票，材料已到达并验收入库。

（2）12日，收到英电纳子科技有限公司的银行汇票，用以偿还前欠货款，金额为32760元。

要求：①填制"进账单"到银行办理手续。②编制记账凭证。

（3）14日，向莫仕公司销售单孔七圈磁盒10000个，单价为1.2元，价税合计为14040元，已开出增值税专用发票，收到转账支票一张。

要求：①填制"进账单"到银行办理手续。②编制记账凭证。

（4）19日，以银行承兑汇票结算方式支付绵阳海瑞电子科技有限责任公司1701盒子25000个，单价为0.18元，价款为4500元，增值税税额为765元；1702盒子48000个，单价为0.2元/个，价款为9600元，增值税税额为1632元。

要求：①开出"银行承兑汇票"。②填写记账凭证。

（5）24日，以电汇结算方式向四川松田电子有限责任公司购买POE磁芯35000个，单价为0.12元，POE磁环20000个，单价为0.15元，价款共计7200元，增值税税额为1224元，对方开出增值税专用发票。

要求：①填制"电汇凭证"到银行办理手续。②编制记账凭证。

（6）28日，采用电划委托收款结算方式向四川英电纳子科技有限公司销售双孔十圈磁盒38000个，单价为1.8，增值税税额为11628元，已开出增值税专用发票。

要求：①填制"委托收款"凭证到银行办理手续。②编制记账凭证。

（7）29日，华远电子科技有限公司采用银行本票方式结算。

要求：①填制"银行汇票申请书"到银行办理银行汇票。②编制记账凭证。

项目四 综合实训业务

绵阳华远电子科技有限公司 2014 年 12 月 1 日 "库存现金日记账" 余额。

库存现金日记账

2014年		凭证字号	摘要	对方科目	借方金额 百 十 万 千 百 十 元 角 分	贷方金额 百 十 万 千 百 十 元 角 分	余额 百 十 万 千 百 十 元 角 分	√
月	日							
12	1		期初余额				1 0 0 0 0 0 0	10

绵阳华远电子科技有限公司 2014 年 12 月 1 日"银行存款日记账"余额。

银行存款日记账

开户银行：中国工商银行绵阳剑南支行
账　　号：23084123１902211

第 1 号

2014年		凭证字号	银行凭证	摘要	对方科目	借方 亿千百十万千百十元角分	贷方 亿千百十万千百十元角分	借或贷	余额 亿千百十万千百十元角分	√
月	日									
12	1			期初余额					1 6 0 0 0 0 0 0	

出纳岗位实训

绵阳华远电子科技有限公司2014年12月发生下列经济业务：

业务一：12月1日开出现金支票从银行提取现金。

（1）填写支票领用簿，领取现金支票。

支票领用簿

单位：绵阳华远电子科技有限公司						支票种类：现金支票			
开户行：中国工商银行绵阳剑南支行						账号：2308412319022115326			
起止号码：1030511206479171–10305112064791795					购票日期：				
序号	日期	号码	用途	金额	开票人	收款人	领票人	备注	
1	9.3	1030511206479171	提现	5000.00	雷玲	绵阳华远电子科技有限公司	雷玲		
2	11.5	1030511206479172	提现	3500.00	雷玲	绵阳华远电子科技有限公司	雷玲		
3	12.1	1030511206479173	提现	3000.00	雷玲	绵阳华远电子科技有限公司	雷玲		

（2）出纳填写现金支票并背书，到银行提取现金。

120

（3）会计根据现金支票存根编制记账凭证。

```
          中国工商银行
          现金支票存根
          10305112
          06479173

附加信息
_____
_____
_____

出票日期：2014 年 12 月 1 日
收款人：绵阳华远电子科技有限公司
金额：¥3000.00
用途：备用金
单位主管：李林        会计：张勇
```

付 款 凭 证

贷方科目：<u>银行存款</u>　　　　　2014 年 12 月 1 日　　　　　付字第 1 号

摘　要	借方总账科目	明细科目	记账符号	金　额 千 百 十 万 千 百 十 元 角 分
从银行取现备用	库存现金			3 0 0 0 0 0
合　计				¥ 3 0 0 0 0 0

附单据 1 张

财务主管：李林　　　记账：张勇　　　出纳：雷玲　　　审核：　　　　制单：张勇

(4) 出纳登记现金日记账。

现金日记账

2014年		凭证字号		摘要	对方科目	借方金额									贷方金额										余额									√
月	日	字	号			百	十	万	千	百	十	元	角	分	百	十	万	千	百	十	元	角	分		百	十	万	千	百	十	元	角	分	
12	1			期初余额																								1	0	0	0	0	0	
12	1			从银行提取现金备用	银行存款			3	0	0	0	0	0	0														4	0	0	0	0	0	

(5) 出纳登记银行存款日记账。

银行存款日记账

开户银行：中国工商银行绵阳剑南支行
账号：230841231902115326
第 1 页

2014年		凭证字号	银行凭证	摘要	对方科目	借方 亿千百十万千百十元角分	贷方 亿千百十万千百十元角分	借或贷	余额 亿千百十万千百十元角分	√
月	日									
12	1			期初余额					1 6 0 0 0 0 0 0	
12	1			提取现金	库存现金		3 0 0 0 0 0		1 5 7 0 0 0 0 0	

出纳岗位实训

业务二：12月3日，开出转账支票支付购料款。

（1）出纳填制支票领用簿，领取转账支票。

支票领用簿

单位：绵阳华远电子科技有限公司					支票种类：转账支票			
开户行：中国工商银行绵阳剑南支行					账号：2308412319022115326			
起止号码：1030511206479171-10305112064791795				购票日期：				
序号	日期	号码	用途	金额	开票人	收款人	领票人	备注
1	11.7	1020512206282600	付购料款	8892.00	雷玲	绵阳海瑞电子有限责任公司	雷玲	
2	11.11	1020512206282601	付购料款	5440.50	雷玲	四川松田电子有限公司	雷玲	
3	12.3	1020512206282602	付购料款	6552.00	雷玲	绵阳海瑞电子有限责任公司	雷玲	

（2）出纳根据增值税发票填写转账支票，将支票正文交给绵阳海瑞电子有限责任公司。

5100133140　　四川增值税专用发票　　No. 02990978

开票日期：2014年12月3日

购货单位	名　称	绵阳华远电子科技有限公司	密码区	02+913<*87-1>59*14713	加密版本：01
	纳税人识别号	510793769970265		44-8<45/259564<4>92/<	1100121140
	地址、电话	绵阳市金菊街8号　0816-6732169		2-9/<+5+1-2<*806>*-+0	
	开户行及账号	中国工商银行绵阳剑南支行 2308412319022115326		*1021><1553922<3>>>52	02000713
货物或应税劳务名称	规格型号	单位	数量	单价	金额	税率	税额
1701 盒子		个	20000	0.18	3600.00	17%	612.00
1702 盒子		个	10000	0.20	2000.00	17%	340.00
合　计					¥5600.00		¥952.00
价税合计（大写）		人民币陆仟伍佰伍拾贰元整			（小写）	¥6552.00	
销货单位	名　称	绵阳海瑞电子有限责任公司	备注		
	纳税人识别号	5109354569266352			
	地址、电话	绵阳市桃园路32号　0816-3982656			
	开户行及账号	绵阳市商业银行 02010140100000602			

收款人：　　　复核：　　　开票人：王芳　　　销货单位：（章）

项目四　综合实训业务

5100133140　　　　四川增值税专用发票　　　　No. 02990978

开票日期：2014 年 12 月 3 日

购货单位	名　称	绵阳华远电子科技有限公司				密码区	02+913<*87-1>59*14713		加密版本：01
	纳税人识别号	510793769970265					44-8<45/259564<4>92/<		1100121140
	地址、电话	绵阳市金菊街8号　0816-6732169					2-9/<+5+1-2<*806>*-+0		02000713
	开户行及账号	中国工商银行绵阳剑南支行 2308412319022115326					*1021><1553922<3>>>52		

货物或应税劳务名称	规格型号	单位	数量	单价	金额	税率	税额
1701 盒子		个	2000	0.18	3600.00	17%	612.00
1702 盒子		个	1000	0.20	2000.00	17%	340.00
合　计					¥5600.00		¥952.00
价税合计（大写）	人民币陆仟伍佰伍拾贰元整				（小写）		¥6552.00

销货单位	名　称	绵阳海瑞电子有限责任公司	备注
	纳税人识别号	5109354569266352	
	地址、电话	绵阳市桃园路32号　0816-3982656	
	开户行及账号	绵阳市商业银行 02010140100000602	

收款人：　　　　复核：　　　　开票人：王芳　　　　销货单位：（章）

中国工商银行
现金支票存根
10305112
06479172

附加信息

出票日期：2014 年 12 月 3 日

收款人：	绵阳海瑞电子有限责任公司
金额：	¥6552.00
用途：	购材料
单位主管：李林　会计：张勇	

中国工商银行　转账支票　　06485938　10205122　06282602

付款期限自出票之日起十天

出票日期（大写）：　　　付款行名称：中国工商银行绵阳剑南支行
贰零壹肆 年 拾贰 月 零叁 日　　出票人账号：2308412319022115326

收款人：绵阳海瑞电子有限责任公司

人民币（大写）	陆仟伍佰伍拾贰元整	亿千百十万千百十元角分
		¥ 6 5 5 2 0 0

用途：购材料　　　　　　　密码：3478093
上列款项请从我账户内支付　　行号：102659041213
出票人签章　　　　　　　　　复核：　　　记账：

王兰印　　雷玲印

附加信息	被背书人	被背书人
（粘贴单据处）	背书人签章 年　月　日	背书人签章 年　月　日

根据《中华人民共和国票据法》等法律法规的规定，签发空头支票由中国人民银行处以票面金额5%但不低于1000元的罚款。

（3）会计根据增值税发票记账联（第三联）、转账支票存根编制记账凭证。

```
中国工商银行
转账支票存根
10205122
06282602

附加信息
_____
_____
_____

出票日期：2014年12月3日
收款人：绵阳海瑞电子有限责任公司
金额：¥6552.00
用途：购材料
单位主管：李林    会计：张勇
```

付 款 凭 证

贷方科目：银行存款　　　　2014年12月3日　　　　付字第2号

摘　要	借方总账科目	明细科目	记账符号	金　额									
				千	百	十	万	千	百	十	元	角	分
支付购料款	在途物资	1701					3	6	0	0	0	0	
		1702						2	0	0	0	0	
	应交税费	应交增值税（进项税额）						9	5	2	0	0	
合　计							¥	6	5	5	2	0	0

附单据 2 张

财务主管：李林　　　记账：张勇　　　出纳：雷玲　　　审核：　　　制单：张勇

(4) 出纳登记"银行存款日记账"。

银行存款日记账

开户银行：中国工商银行绵阳剑南支行
账号：23084123190022115326

第 1 页

2014年		凭证字号	银行凭证	摘要	对方科目	借方 亿千百十万千百十元角分	贷方 亿千百十万千百十元角分	借或贷	余额 亿千百十万千百十元角分
月	日								
12	1			期初余额				√	1 6 0 0 0 0 0 0 0
12	1	付1	现金支票	提取现金	库存现金		3 0 0 0 0 0		1 5 7 0 0 0 0 0 0
12	3	付2	转账支票	支付购材料款	在途物资		6 5 5 2 0 0		1 5 0 4 4 8 0 0

业务三：12月4日采购员刘军借差旅费。

（1）刘军填写"借款单"。

借 款 单

绵阳华远电子科技有限公司　　　　　　　　　　　　　2014年12月4日

借款人部门	采购部		借款人	刘军
借款金额	大　写	贰仟元整	小　写	¥2000.00
借款用途	到成都参加订货会			
备注				现金付讫
领域审核	王　兰	财务审核　李　林	部门负责人审核	吴　坤

（2）出纳支付现金、加盖现金付讫印章。

（3）会计根据"借款单"填制记账凭证。

付 款 凭 证

贷方科目：银行存款　　　　　2014年12月4日　　　　　　付字第3号

摘　要	借方总账科目	明细科目	记账符号	金　额 千百十万千百十元角分
刘军借差旅费	其他应收款	刘　军		2 0 0 0 0 0
合　计				¥ 2 0 0 0 0 0

附单据 1 张

财务主管：李林　　记账：张勇　　出纳：雷玲　　审核：　　制单：张勇

(4) 出纳登记"现金日记账"。

现金日记账

2014年		凭证		摘 要	对方科目	借方金额									贷方金额									余 额									√
月	日	字	号			百	十	万	千	百	十	元	角	分	百	十	万	千	百	十	元	角	分	百	十	万	千	百	十	元	角	分	
12	1			期初余额																							1	0	0	0	0	0	√
12	1	付	1	从银行提取现金备用	银行存款				3	0	0	0	0	0													4	0	0	0	0	0
12	4	付	4	刘军借差旅费	其他应收款														2	0	0	0	0	0					2	0	0	0	0	0

业务四：2014 年 12 月 6 日取得转账支票一张。

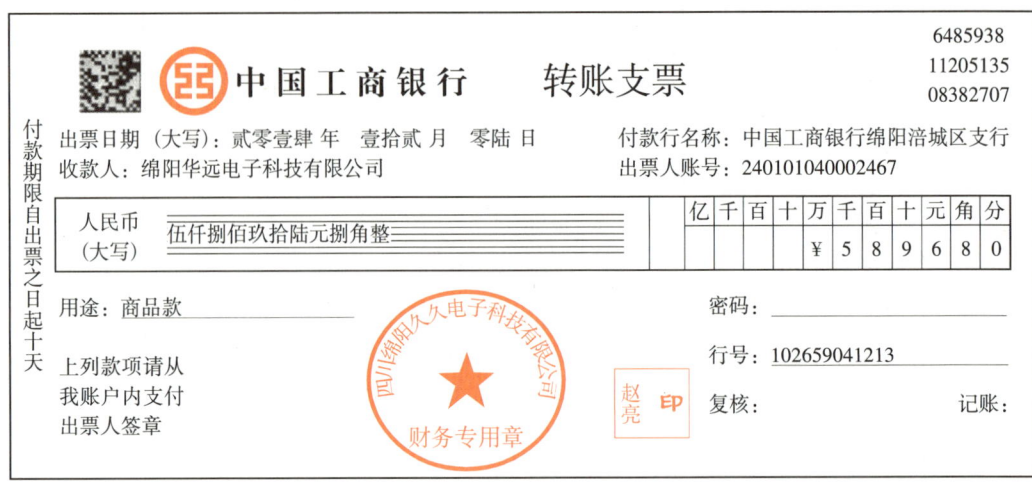

（1）出纳背书。

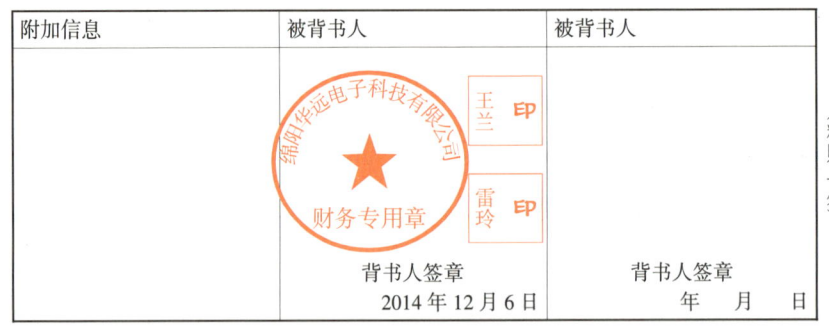

（2）出纳填写"进账单"（一式三联）。

（3）出纳将转账支票及进账单（三联）交与银行办理收款业务，取得进账单（回单）2。

（4）12月8日出纳到银行打印业务回单或取得进账单（收账通知）3。

ICBC 中国工商银行

凭证
业务回单（收款）

日期：2015 年 12 月 8 日　　　　　　　回单编号：15061000002

付款人户名：	四川绵阳久久电子科技有限公司			付款人开户行：中国工商银行绵阳市涪城区支行
付款人账号（卡号）：240101040002467				收款人开户行：中国工商银行绵阳剑南支行
收款人户名：	绵阳华远电子科技有限公司			
收款人账号（卡号）：2308412319022115326				
金额：	伍仟捌佰玖拾陆元捌角整			小写：¥5896.80
业务（产品）种类：转账		凭证种类：000000000		凭证号码：0000000000000000
摘要：		用途：		币种：人民币
交易机构：0230800055		记账柜号：02763	交易代码：02713	渠道：柜台
汇划种类：转账支票		客户附言：	用途：	

（中国工商银行绵阳剑南支行 自动回单机专用章（002））

本回单为第1次打印，注意重复　　打印时间：2014 年 12 月 8 日　　打印柜员：9　　验证码：D9198D73C006

ICBC 中国工商银行

进账单（回单）3

2014 年 12 月 6 日

出票人	全称	四川绵阳久久电子科技有限公司	收款人	全称	绵阳华远电子科技有限公司	此联是收款人开户银行交给收款人的收账通知
	账号	240101040002467		账号	2308412319022115326	
	开户银行	中国工商银行绵阳市涪城区支行		开户银行	中国工商银行绵阳剑南支行	
金额	人民币（大写）	伍仟捌佰玖拾陆元捌角整	亿千百十万千百十元角分　　¥ 5 8 9 6 8 0			
票据种类	转账支票	票据张数	1			
票据号码	6485938112051350838 2707					

（中国工商银行绵阳剑南支行 转讫）　（王娅芝）

复核：　　记账：　　　　　　　　　　　　　收款人开户银行签章

（5）会计根据进账单回单、银行收款业务回单（或进账单收账通知）、增值税发票编制记账凭证。

5100133140			四川增值税专用发票				No. 38990289 开票日期：2014 年 12 月 8 日		
购货单位	名　　称	四川绵阳久久电子科技有限公司				密码区	03+319<*78-2>59*13712 34-8<53/534678<4>89/< 1-9/<+5+1-2<*806>*-+1 *2021>3944122<2>>>43		
	纳税人识别号	510700729812978							
	地址、电话	四川省绵阳市涪城区红星街 188 号 0816-2266875							
	开户行及账号	中国工商银行绵阳市涪城区支行 240101040002467							
货物或应税劳务名称		规格型号	单位	数量	单价	金额	税率	税额	
单孔七圈磁盒			个	1500	1.20	1800.00	17%	306.00	
双孔十圈磁盒			个	1800	1.80	3240.00	17%	550.80	
合计						¥5040.00		¥856.80	
价税合计（大写）		人民币伍仟捌佰玖拾陆元捌角整				（小写）	¥5896.80		
销货单位	名　　称	绵阳华远电子科技有限公司				备注			
	纳税人识别号	510793769970265							
	地址、电话	绵阳市金菊街 8 号　0816-6732169							
	开户行及账号	中国工商银行绵阳剑南支行 2308412319022115326							

收款人：雷玲　　　复核：李林　　　开票人：陈强　　　销货单位：（章）

收 款 凭 证

借方科目：银行存款　　　　2014 年 12 月 8 日　　　　收字第 1 号

摘　要	贷方总账科目	明细科目	记账符号	金　额									
				千	百	十	万	千	百	十	元	角	分
收到销货款	主营业务收入	单孔七圈磁盒					1	8	0	0	0	0	
		双孔十圈磁盒					3	2	4	0	0	0	
	应交税费	应交增值税（销项税额）						8	5	6	8	0	
合　计						¥	5	8	9	6	8	0	

附单据 2 张

财务主管：李林　　　记账：　　　出纳：雷玲　　　审核：　　　制单：张勇

(6) 出纳登记"银行存款日记账"。

银行存款日记账

开户银行：中国工商银行绵阳剑南支行 第 1 号
账　号：23084123190221 5326

2014年		凭证字号	银行凭证	摘要	对方科目	借方 亿千百十万千百十元角分	贷方 亿千百十万千百十元角分	借或贷	余额 亿千百十万千百十元角分	√
月	日									
12	1			期初余额					1 6 0 0 0 0 0 0 0	
12	1	付1	现金支票	提取现金	库存现金		3 0 0 0 0 0 0		1 5 7 0 0 0 0 0 0	
12	3	付2	转账支票	支付购材料款	在途物资		6 5 5 2 0 0		1 5 0 4 4 8 0 0	
12	6	收1	转账支票	收到销货款	主营业务收入	5 8 9 6 8 0			1 5 6 3 4 4 8 0	

业务五：12月8日采用汇兑结算方式预付购货款。

（1）出纳填写"电汇凭证"一式三联，交与银行。

ICBC 中国工商银行　　电汇凭证（借方凭证）2

□普通　□加急	委托日期：2014年12月8日		川B　00594370
汇款人	全　称　绵阳华远电子科技有限公司 账　号　2308412319022115326 汇出地点　四川 省 绵阳 市/县 汇出行名称　中国工商银行绵阳剑南支行	收款人	全　称　成都红星公司 账　号　230841231906735968 汇入地点　四川 省 成都 市/县 汇入行名称　中国工商银行成都金牛区支行
金额	人民币（大写）　壹万元整		亿 千 百 十 万 千 百 十 元 角 分 　　　　　¥ 1 0 0 0 0 0 0
此汇款支付给收款人		支付密码　890690	
（绵阳华远电子科技有限公司财务专用章）（王兰 印）（雷玲 印） 　　　　　　　　汇款人签章		附加信息及用途： 预付购料款 　　复核：　　　记账：	

此联汇出行作借方凭证

（2）取得电汇凭证1（回单），银行扣汇款手续费。

ICBC 中国工商银行　　电汇凭证（回　单）1

□普通　□加急	委托日期：2014年12月8日		川B　00594370
汇款人	全　称　绵阳华远电子科技有限公司 账　号　2308412319022115326 汇出地点　四川 省 绵阳 市/县 汇出行名称　中国工商银行绵阳剑南支行	收款人	全　称　成都红星公司 账　号　230841231906735968 汇入地点　四川 省 成都 市/县 汇入行名称　中国工商银行成都金牛区支行
金额	人民币（大写）　壹万元整		亿 千 百 十 万 千 百 十 元 角 分 　　　　　¥ 1 0 0 0 0 0 0
		支付密码　890690	
（中国工商银行绵阳剑南支行业务章）（徐洪胜） 　　　　　　　　汇出行签章		附加信息及用途： 预付购料款 　　复核：　　　记账：	

此联是汇出行给汇款人的回单

收费凭证

2014 年 12 月 8 日

工本费付费户名：绵阳市华远电子科技有限公司			
工本费付费账号：2308412319022115326			
手续费付费户名：绵阳市华远电子科技有限公司			
手续费付费账号：2308412319022115326	使用凭证账号：2308414109100060000		
服务项目（凭证种类）：凭证号码段1： 凭证号码段2： 凭证号码段3：	工本费	手续费：50.00	金额小计：50.00
汇款手续费：			
金额合计（大写）：人民币（本位币）伍拾元整			
金额合计（小写）：RMB50.00			
			记账：01320
地区号：02308　网点号：04111　操作柜员：01320　授权柜员：　交易时间：BG7A24C02G14			

(3) 会计根据"电汇凭证"第一联和银行"收费凭证"编制记账凭证。

付 款 凭 证

贷方科目：银行存款　　　2014 年 12 月 8 日　　　付字第 4 号

摘　要	借方总账科目	明细科目	记账符号	金　额									附单据2张
				千	百	十	万	千	百	十	元	角	分
预付购料款、支付汇款	预付账款	成都红星公司				1	0	0	0	0	0	0	0
手续费	财务费用	手续费								5	0	0	0
合　计				¥	1	0	0	5	0	0	0		

财务主管：李林　　记账：张勇　　出纳：雷玲　　审核：　　制单：

(4) 出纳登记"银行存款日记账"。

银行存款日记账

开户银行：中国工商银行绵阳剑南支行
账　号：2308412319022115326

第 1 页

2014年		凭证字号	银行凭证	摘要	对方科目	借方	贷方	借或贷	余额	√
月	日					亿千百十万千百十元角分	亿千百十万千百十元角分		亿千百十万千百十元角分	
12	1			期初余额					1 6 0 0 0 0 0 0 0	
12	1	付1	现金支票	提取现金	库存现金		3 0 0 0 0 0 0		1 5 7 0 0 0 0 0 0	
12	3	付2	转账支票	支付购材料款	在途物资		6 5 5 2 0 0		1 5 0 4 4 8 0 0 0	
12	6	收1	转账支票	收到销货款	主营业务收入	5 8 9 6 8 0			1 5 6 3 4 4 4 8 0	
12	8	付4	电汇凭证	预付购货款	预付账款		1 0 0 0 0 0 0 0		1 4 6 3 4 4 4 8 0	
12	8	付4	收费单据	支付汇款手续费	财务费用		5 0 0 0		1 4 6 2 9 4 8 0	

业务六：12月9日收到上月销货款（电汇结算）。

(1) 出纳打印业务回单（收款）（或收到银行收款通知单）。

ICBC 中国工商银行　业务回单（收款）凭证

日期：2014 年 11 月 15 日　　　　回单编号：15061000002

付款人户名：四川英电纳子科技有限公司	付款人开户行：遂宁市商业银行股份有限公司总行营业部
付款人账号（卡号）：5002129500032	收款人开户行：中国工商银行绵阳剑南支行
收款人户名：绵阳华远电子科技有限公司	
收款人账号（卡号）：2308412319022115326	
金额：柒仟零贰拾元整	小写：¥7020.00
业务（产品）种类：转账　　凭证种类：000000000	凭证号码：0000000000000000
摘要：　　用途：	币种：人民币
交易机构：0230800055　记账柜号：02763　交易代码：02713	渠道：柜台
汇划种类：银行汇票　客户附言：　用途：	

（盖章：中国工商银行绵阳剑南支行 自动回单机专用章（002））

本回单为第 1 次打印，注意重复　　打印时间：2015 年 3 月 12 日　　打印柜员：9　　验证码：D9198D73C006

ICBC 中国工商银行　进账单（收账通知）3

2014 年 11 月 15 日

出票人	全　称	四川英电纳子科技有限公司	收款人	全　称	绵阳华远电子科技有限公司
	账　号	5002129500032		账　号	2308412319022115326
	开户银行	遂宁市商业银行股份有限公司总行营业部		开户银行	中国工商银行绵阳剑南支行

金额	人民币（大写）	柒仟零贰拾元整	亿 千 百 十 万 千 百 十 元 角 分
			¥ 　　　　7 0 2 0 0 0

票据种类	电汇	票据张数	1
票据号码	3609123		

（盖章：中国工商银行绵阳剑南支行 2014.11.15 转讫）　（王刚 印）

复核：　　记账：　　　　　　　　　　　收款人开户银行签章

此联是收款人开户银行交给收款人的收账通知

(2) 会计根据业务回单(或银行收账"通知单")编制记账凭证。

收 款 凭 证

借方科目：<u>银行存款</u>　　　　　2014 年 12 月 9 日　　　　　收字第 2 号

摘　要	贷方总账科目	明细科目	记账符号	金　额								
				千	百	十	万	千	百	十	元	角	分
收到销货款	应收账款	英电纳子科技有限公司						7	0	2	0	0	0
合　计								¥7	0	2	0	0	0

附单据 1 张

财务主管：李林　　　记账：张勇　　　出纳：雷玲　　　审核：　　　制单：

(3) 出纳登记银行存款日记账。

银行存款日记账

开户银行：中国工商银行绵阳剑南支行　账号：2308412319022115326　第 1 页

2014年		凭证字号	银行凭证	摘　要	对方科目	借方	贷方	借或贷	余额
月	日								
12	1			期初余额				√	1 600 000.00
12	1	付1	现金支票	提取现金	库存现金		30 000.00		1 570 000.00
12	3	付2	转账支票	支付购材料款	在途物资		65 520.00		1 504 480.00
12	6	收1	转账支票	收到销货款	主营业务收入	58 968.00			1 563 448.00
12	8	付4	电汇凭证	预付购货款	预付账款		100 000.00		1 463 448.00
12	8	付4	收费单据	支付汇款手续费	财务费用		500.00		1 462 948.00
12	9	收2	收账通知	收到销货款	应收账款	70 200.00			1 533 148.00

业务七：12月12日向银行申请并开出银行承兑汇票。

（1）购入材料取得增值税发票。

5100133140　　　四川增值税专用发票　　　No. 03268974

开票日期：2014 年 12 月 12 日

购货单位	名　称	绵阳华远电子科技有限公司			密码区	02+913<*87-1>59*14713	加密版本：01
	纳税人识别号	510793769970265				44-8<45/259564<4>92/<	1100121140
	地址、电话	绵阳市金菊街8号　0816-6732169				2-9/<+5+1-2<*806>*-+0	02000713
	开户行及账号	中国工商银行绵阳剑南支行 2308412319022115326				*1021><1553922<3>>>52	
货物或应税劳务名称	规格型号	单位	数量	单价	金额	税率	税额
1701 盒子		个	20000	0.18	3600.00	17%	612.00
1702 盒子		个	20000	0.20	4000.00	17%	680.00
合计					¥7600.00		¥1292.00
价税合计（大写）	人民币捌仟捌佰玖拾贰元整				（小写）¥8892.00		
销货单位	名　称	绵阳海瑞电子有限责任公司			备注		
	纳税人识别号	5109354569266352					
	地址、电话	绵阳市桃园路32号　0816-3982656					
	开户行及账号	绵阳市商业银行　02010140100000602					

收款人：雷玲　　复核：李林　　开票人：陈强　　销货单位：（章）

第二联　抵扣联　购货方抵扣凭证

5100133140　　　四川增值税专用发票　　　No. 03268974

开票日期：2014 年 12 月 12 日

购货单位	名　称	绵阳华远电子科技有限公司			密码区	02+913<*87-1>59*14713	加密版本：01
	纳税人识别号	510793769970265				44-8<45/259564<4>92/<	1100121140
	地址、电话	绵阳市金菊街8号　0816-6732169				2-9/<+5+1-2<*806>*-+0	02000713
	开户行及账号	中国工商银行绵阳剑南支行 2308412319022115326				*1021><1553922<3>>>52	
货物或应税劳务名称	规格型号	单位	数量	单价	金额	税率	税额
1701 盒子		个	20000	0.18	3600.00	17%	612.00
1702 盒子		个	20000	0.20	4000.00	17%	680.00
合计					¥7600.00		¥1292.00
价税合计（大写）	人民币捌仟捌佰玖拾贰元整				（小写）¥8892.00		
销货单位	名　称	绵阳海瑞电子有限责任公司			备注		
	纳税人识别号	5109354569266352					
	地址、电话	绵阳市桃园路32号　0816-3982656					
	开户行及账号	绵阳市商业银行　02010140100000602					

收款人：雷玲　　复核：李林　　开票人：陈强　　销货单位：（章）

第三联　发票联　购货方记账凭证

（2）向银行申请开出银行承兑汇票［出纳填写银行承兑协议（一式三联）］。

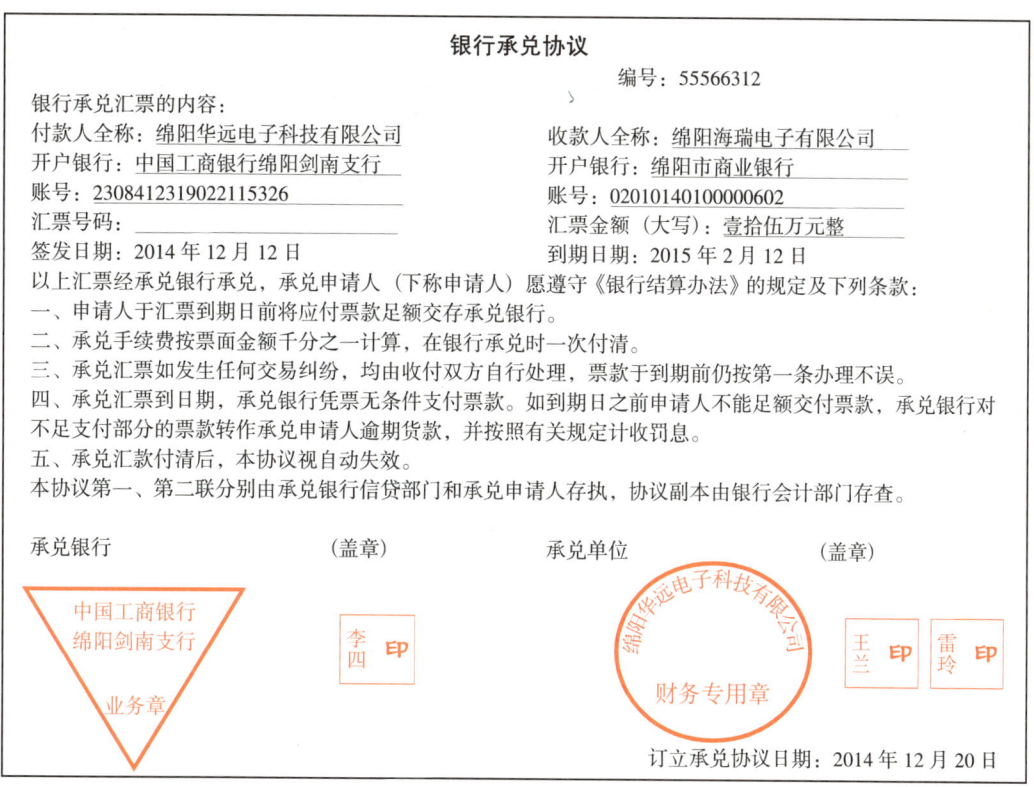

（3）取得银行承兑协议第一联及银行承兑汇票第二联、第三联（存根）。

| 银行承兑汇票（存根） | | 3 | C A
0 1 | 13245673 |

出票日期（大写）： 贰零壹肆年拾贰月壹拾贰日

出票人全称	绵阳华远电子科技有限公司	收款人	全 称	绵阳海瑞电子有限责任公司
出票人账号	2308412319022115326		账 号	02010140100000602
付款行全称	中国工商银行绵阳剑南支行		开户银行	绵阳市商业银行
出票金额	人民币（大写） 捌仟捌佰玖拾贰元整		亿 千 百 十 万 千 百 十 元 角 分 ¥ 8 8 9 2 0 0
汇票到期日（大写）	贰零壹伍年零贰月壹拾贰日	付款行	行 号	中国工商银行绵阳剑南支行
承兑协议编号	55566312		地 址	绵阳剑南路32号

本汇票请你行承兑，到期无条件付款

本汇票已经承兑，到期日由本行付款

承兑日期：2014年12月20日

出票人签章　备注：　　　　　复核：　　记账：

此联由出票人存查

（4）支付银行手续费。

收费凭证

2014年12月12日

工本费付费户名：绵阳华远电子科技有限公司					
工本费付费账号：2308412319022115326					
手续费付费户名：绵阳华远电子科技有限公司					
手续费付费账号：2308412319022115326			使用凭证账号：2308414109100060000		
服务项目（凭证种类）：	凭证号码段1：	凭证号码段2：	凭证号码段3：	工本费：	手续费： 金额小计：
现金支票：手续费					10.00　10.00
金额合计（大写）：人民币（本位币）拾元整					
金额合计（小写）：RMB10.00					记账：01320
地区号：02308	网点号：04111	操作柜员：01320	授权柜员：	交易时间：A24C02G14	

（5）根据增值税发票、银行承兑协议、银行承兑汇票及工商银行收费凭证编制记账凭证。

付 款 凭 证

贷方科目：银行存款　　　　2014 年 12 月 12 日　　　　　　　　付字第 5 号

摘　要	借方总账科目	明细科目	记账符号	金　额
				千百十万千百十元角分
承付银行承兑汇票手续费	财务费用	手续费		1 0 0 0
合　计				￥ 1 0 0 0

附单据 1 张

财务主管：李林　　　记账：张勇　　　出纳：雷玲　　　审核：　　　制单：张勇

转 账 凭 证

2014 年 12 月 12 日　　　　　　　　转字第 1 号

摘　要	总账科目	明细科目	借方金额	贷方金额	√
			亿千百十万千百十元角分	亿千百十万千百十元角分	
购入材料,开出	在途物资	四川英电纳子科技有限公司	7 6 0 0 0 0		
银行承兑汇票	应交税费	应交增值税（进项税额）	1 2 9 2 0 0		
	应付票据			8 8 9 2 0 0	
合　计			￥ 8 8 9 2 0 0	￥ 8 8 9 2 0 0	

附单据 2 张

会计主管：李林　　　记账：张勇　　　出纳：雷玲　　　审核：　　　制单：张勇

（6）出纳登记银行存款日记账。

银行存款日记账

开户银行：中国工商银行绵阳剑阳南支行
账号：2308412319022115326
第 1 页

2014年		凭证字号	银行凭证	摘要	对方科目	借方 亿千百十万千百十元角分	贷方 亿千百十万千百十元角分	借或贷	余额 亿千百十万千百十元角分	√
月	日									
12	1			期初余额				借	1 6 0 0 0 0 0 0 0 0	√
12	1	付1	现金支票	提取现金	库存现金		3 0 0 0 0 0 0	借	1 5 7 0 0 0 0 0 0 0	
12	3	付2	转账支票	支付购材料款	在途物资		6 5 5 2 0 0 0	借	1 5 0 4 4 8 0 0 0 0	
12	6	收1	转账支票	收到销货款	主营业务收入	5 8 9 6 8 0 0		借	1 5 6 3 4 4 8 0 0 0	
12	8	付4	电汇凭证	预付购货款	预付账款		1 0 0 0 0 0 0 0 0	借	1 4 6 3 4 4 8 0 0 0	
12	8	付4	收费单据	支付汇款手续费	财务费用		5 0 0 0 0 0	借	1 4 6 2 9 4 8 0 0 0	
12	9	收2	收账通知	收到销货款	应收账款	7 0 2 0 0 0 0		借	1 5 3 3 1 4 8 0 0 0	
12	12	付5	收费单据	支付银行承兑汇票手续费	财务费用		1 0 0 0 0 0	借	1 5 3 3 0 4 8 0 0 0	

业务八：12月15日刘军报销差旅费。

（1）刘军填写差旅费报销单。

差旅费报销单

2014 年 12 月 15 日　　　　　　　　　　　　　　　　　　单位：元

出差人：刘军					事由：外出洽谈业务							
起止时间及地点					交通费			出差补贴			其他	
月	日	起点	月	日	终点	交通工具	单据张数	金额	项目	人数	天数	补贴标准	金额	项目	金额
12	8	绵阳	12	8	成都	火车	1	425						住宿费	1500.00
12	14	成都	12	14	绵阳	火车	1	272							
合计（大写）：贰仟壹佰玖拾柒元整							¥2197.00				预支旅费	¥2000.00	退回金额		
													补领金额	¥197.00	
主管：王兰　　　　复核：李林　　　　出纳：雷玲　　　　报销人：刘军															

四川省地方税务局通用机打发票

发　票　联

发票代号：233001471633
发票号码：02156421

开票日期：2014 年 12 月 14 日　　　　行业分类：旅店业

纳税人识别号：330401587788094	机打号码：02156421
机器编号：	税控防伪码：8338 6351 9208 2886 0218
付款户名：绵阳华远电子科技有限公司	付款方式：信用卡

房号	到店时间	离店时间	天数	人数	单价	金额
806	2014.12.9	2014.12.14	5.0	1	300	1500.00

合计人民币（大写）：壹仟伍佰元整　　　　　　　　　　　　　　　¥1500.00

备注：

开票人：　　　　收款人：姚玉瑾　　　　收款单位盖章　　　　手写无效

N072839		绵 阳 售
绵 阳	D2202次	成 都
Mian Yang	→	Cheng Du
2014年12月8日	08:57开	02车 008号
¥425.00元	网	硬卧
限乘当日当次车		
刘 军		
5103221984****7321		
45524320068913N0725K4		

N080968		成 都 售
成 都	D2208次	绵 阳
Cheng Du	→	Mian Yang
2014年12月14日	08:08开	07车 013号 A
¥272.00元	网	二等座
限乘当日当次车		
刘 军		
5103221984****7321		
45524320068913N0725K4		

（2）出纳补付现金、填写现金付款凭证。

现金付款凭证

日期：2014年12月15日

收款人姓名	刘军	单位或详细地址	绵阳华远电子科技有限公司	
付款内容及原因	报差旅费补付现金			现金付讫
人民币大写	壹佰玖拾柒元整		¥197.00	

负责人：李林　　　会计：张勇　　　出纳：雷玲　　　经手人：刘军

（3）会计根据差旅费报销单及现金付款凭证编制记账凭证。

转 账 凭 证

2014 年 12 月 15 日　　　　　　　　　　　转字第 2 号

摘　要	总账科目	明细科目	借方金额 亿千百十万千百十元角分	贷方金额 亿千百十万千百十元角分	√
报销差旅费	管理费用		2 0 0 0 0 0		附单据3张
	其他应收款	刘军		2 0 0 0 0 0	
	合　计		￥2 0 0 0 0 0	￥2 0 0 0 0 0	

会计主管：李林　　　记账：张勇　　　出纳：雷玲　　　复核：　　　制单：张勇

付 款 凭 证

贷方科目：<u>库存现金</u>　　2014 年 12 月 15 日　　　　付字第 6 号

摘　要	借方总账科目	明细科目	记账符号	金　额 千百十万千百十元角分	
报销差旅费补付现金	管理费用	差旅费		1 9 7 0 0	附单据1张
	合　计			￥1 9 7 0 0	

财务主管：李林　　　记账：张勇　　　出纳：雷玲　　　审核：　　　制单：张勇

(4) 出纳登记现金日记账。

现金日记账

2014年		凭证		摘要	对方科目	借方金额									贷方金额									√	余额								
月	日	字	号			百	十	万	千	百	十	元	角	分	百	十	万	千	百	十	元	角	分		百	十	万	千	百	十	元	角	分
12	1			期初余额																								1	0	0	0	0	0
12	1	付	1	从银行提取现金备用	银行存款				3	0	0	0	0	0														4	0	0	0	0	0
12	4	付	3	刘军借差旅费	其他应收款													2	0	0	0	0	0					2	0	0	0	0	0
12	15	付	6	刘军报差旅费补付现金	其他应收款														1	9	7	0	0					1	8	0	3	0	0

业务九：12月16日承兑到期银行承兑汇票。

（1）出纳打印业务回单或收到银行付款通知（托收凭证5）支付款项。

中国工商银行 业务回单（付款）凭证

日期：2014年12月16日　　　回单编号：15061000002

付款人户名：绵阳华远电子科技有限公司	付款人开户行：中国工商银行绵阳剑南支行
付款人账号（卡号）：2308412319022115326	收款人开户行：绵阳市商业银行
收款人户名：绵阳海瑞电子有限责任公司	
收款人账号（卡号）：02010140100000602	
金额：壹万柒仟柒佰捌拾肆元整	小写：¥17784.00
业务（产品）种类：转账　　凭证种类：000000000	凭证号码：00000000000000000
摘要：　　　　　　　用途：	币种：人民币
交易机构：0230800055　记账柜号：02763　交易代码：02713	渠道：柜台
汇划种类：银行承兑汇票　客户附言：　　用途：	

本回单为第1次打印，注意重复　　打印时间：2015年3月12日　　打印柜员：9　　验证码：D9198D73C006

中国工商银行 托收凭证（付款通知）5

委托日期：2014年12月16日　　　付款期限　年　月　日

业务类型	委托收款（□邮划　□电划）	托收承付（□邮划　□电划）
付款人	全称：绵阳华远电子科技有限公司 账号：2308412319022115326 地址：四川　省　绵阳　市县　开户行　剑南支行	收款人 全称：绵阳海瑞电子有限责任公司 账号：02010140100000602 地址：四川　省　绵阳　市县　开户行
金额	人民币（大写）壹万柒仟柒佰捌拾肆元整	亿千百十万千百十元角分 　　　　　1　7　7　8　4　0　0
款项内容	商品款	托收凭据名称：银行承兑汇票	附寄单证张数：1张
商品发运情况：已发运		合同名称号码：购销合同498763
备注：		付款人注意：

付款人开户行收到日期：2014年12月16日　付款人开户行签章：2014年12月16日
复核：　　记账：

1. 根据支付结算方法，上列委托收款（托收承付）款项在付款期限内未提出拒付，即视为同意付款，以此代付款通知。
2. 如需提出全部或部分拒付，应在规定期限内，将拒付理由书并附债务证明退交开户银行。

此联作付款人开户银行付款人按期付款通知

（2）会计根据业务回单或托收凭证 5 编制记账凭证。

付 款 凭 证

贷方科目：<u>银行存款</u>　　　　　　2014 年 12 月 16 日　　　　　　　　付字第 7 号

摘　要	借方总账科目	明细科目	记账符号	金　额									
				千	百	十	万	千	百	十	元	角	分
银行承兑汇票到期承兑	应付票据						1	7	7	8	4	0	0
合　计						¥	1	7	7	8	4	0	0

附单据 1 张

财务主管：李林　　　记账：张勇　　　出纳：雷玲　　　审核：　　　制单：

(3) 出纳登记银行存款日记账。

银行存款日记账

开户银行：中国工商银行绵阳剑阳支行　　账号：23084123190221153262　　第 1 页

2014年		凭证字号	银行凭证	摘要	对方科目	借方 亿千百十万千百十元角分	贷方 亿千百十万千百十元角分	借或贷	余额 亿千百十万千百十元角分	√
月	日									
12	1			期初余额					1 6 0 0 0 0 0 0 0	
12	1	付1	现金支票	提取现金	库存现金		3 0 0 0 0 0 0		1 5 7 0 0 0 0 0 0	
12	3	付2	转账支票	支付购材料款	在途物资		6 5 5 2 0 0		1 5 0 4 4 8 0 0 0	
12	6	收1	转账支票	收到销货款	主营业务收入	5 8 9 6 8 0			1 5 6 3 4 4 8 0 0	
12	8	付4	电汇凭证	预付购货款	预付账款		1 0 0 0 0 0 0 0		1 4 6 3 4 4 8 0 0	
12	8	付4	收费单据	支付汇款手续费	财务费用		5 0 0 0		1 4 6 2 9 4 8 0 0	
12	9	收2	收账通知	收到销货款	应收账款	7 0 2 0 0 0			1 5 3 3 1 4 8 0 0	
12	12	付5	收费单据	支付银行承兑汇票手续费	财务费用		1 0 0 0 0		1 5 3 3 0 4 8 0 0	
12	16	付6	业务回单	承兑到期银行承兑汇票			1 7 7 8 4 0 0		1 3 5 5 2 0 8 0 0	

业务十：12月17日销售产品收到银行承兑汇票。

（1）销售产品收到银行承兑汇票。

5100133140　　　　四川增值税专用发票　　　　No. 388990564

开票日期：2014 年 12 月 17 日

购货单位	名　称	四川英电纳子科技有限公司				密码区	03+319<*78-2>59*13712 34-8<53/534678<4>89/< 1-9/<+5+1-2<*806>*-+1 *2021>3944122<2>>>43		
	纳税人识别号	510789034514076							
	地址、电话	遂宁市玉龙路16号　0551-6937851							
	开户行及账号	遂宁市商业银行股份有限公司总行营业部　5002129500032							
货物或应税劳务名称	规格型号	单位	数量	单价	金额		税率	税额	
单孔七圈磁盒		个	1600	1.20	1920.00		17%	326.40	
双孔十圈磁盒		个	1800	1.80	3240.00		17%	550.80	
合　计					¥5160.00			¥877.20	
价税合计（大写）	人民币陆仟零叁拾柒元贰角整				（小写）			¥6037.20	
销货单位	名　称	绵阳华远电子科技有限公司				备注			
	纳税人识别号	510793769970265							
	地址、电话	绵阳市金菊街8号　0816-6732169							
	开户行及账号	中国工商银行绵阳剑南支行　2308412319022115326							

收款人：　　　复核：　　　开票人：陈强　　　销货单位：（章）

　　　银行承兑汇票　　　2　C A / 0 1　43535346

出票日期（大写）　　贰零壹肆年　拾贰月　壹拾柒日

出票人全称	四川英电纳子科技有限公司		收款人	全　称	绵阳华远电子科技有限公司									
出票人账号	5002129500032			账　号	2308412319022115326									
付款行全称	遂宁市商业银行股份有限公司总行营业部			开户银行	中国工商银行绵阳剑南支行									
出票金额	人民币（大写）	陆仟零叁拾柒元贰角整			亿	千	百	十	万	千	百	十	元	角	分
									¥	6	0	3	7	2	0
汇票到期日（大写）	贰零壹伍年壹拾贰月壹拾柒日		付款行	行　号	90876									
承兑协议编号				地　址	遂宁市玉龙路125号									
本汇票请你行承兑，到期无条件付款			本汇票已经承兑，到期日由本行付款											

出票人签章　　　承兑行签章　　承兑日期：2014年12月17日

备注：　　　复核：　　　记账：

（2）会计根据增值税发票及银行承兑汇票2编制记账凭证。

转 账 凭 证

2014年12月17日　　　　　　　　　　　　　转字第3号

摘　要	总账科目	明细科目	借方金额 亿千百十万千百十元角分	贷方金额 亿千百十万千百十元角分	√
销售产品，收到银行承兑汇票	应收票据	银行承兑汇票	603720		附单据3张
	主营业务收入			516000 0	
	应交税费	应交增值税（销项税额）		87720	
合　计			¥603720	¥603720	

会计主管：李林　　　记账：张勇　　　出纳：雷玲　　　复核：　　　制单：张勇

业务十一：12月20日银行承兑汇票到期收到款项。

（1）出纳将银行承兑汇票2进行背书，填制委托收款凭证（一式五联）交与开户银行办理收款业务。

银行承兑汇票

出票日期（大写）　贰零壹肆年 壹拾贰月 贰拾日　　　2　C A 0 1　51237890

出票人全称	绵阳海瑞电子有限责任公司	收款人	全　称	绵阳华远电子科技有限公司
出票人账号	02010140100000602		账　号	2308412319022115326
付款行全称	绵阳市商业银行		开户银行	中国工商银行绵阳剑南支行
出票金额	人民币（大写）柒仟柒佰贰拾贰元整			亿千百十万千百十元角分 ¥　　　　77220 0
汇票到期日（大写）	贰零壹肆年壹拾贰月贰拾日	付款行	行　号	绵阳市商业银行
承兑协议编号			地　址	绵阳市桃园路82号

本汇票请你行承兑，到期无条件付款

（绵阳海瑞电子有限责任公司 财务专用章）　（李莹 印）

本汇票已经承兑，到期日由本行付款

（绵阳市商业银行 汇票专用章）　（于波 印）　承兑行签章　承兑日期：2014年12月20日

出票人签章　　　备注：　　　复核：　　　记账：

此联收款人开户行随托收凭证寄付款行作借方凭证附件

粘　单

被背书人	中国工商银行绵阳剑南支行	被背书人	
	(绵阳华远电子科技有限公司 财务专用章) (王兰印) (雷玲印)		
	背书人签章 2014 年 12 月 20 日	背书人签章 年　月　日	

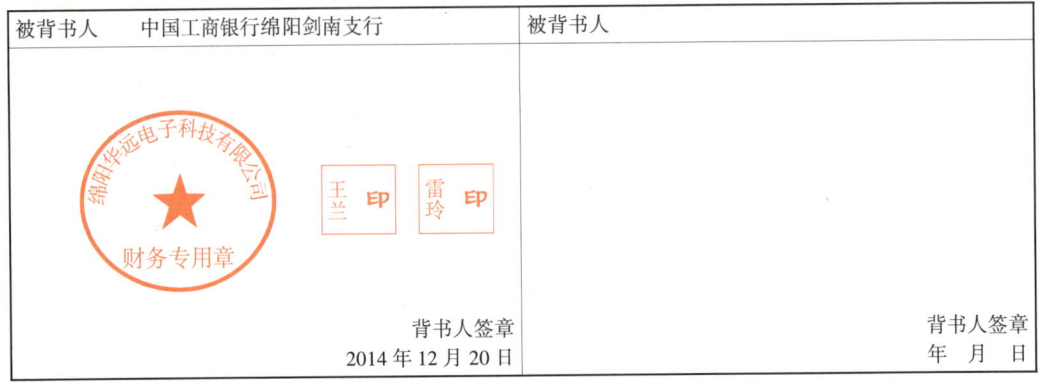

ICBC 中国工商银行　　　托收凭证（贷方凭证）　2

委托日期：2014 年 12 月 20 日　　付款期限　年　月　日

业务类型	委托收款（□邮划　□电划）		托收承付（□邮划　□电划）		
付款人	全　称	绵阳海瑞电子有限责任公司	收款人	全　称	绵阳华远电子科技有限公司
	账　号	02010140100000602		账　号	2308412319022115326
	地　址	四川 省 绵阳 市县 开户行 绵阳市商业银行		地　址	四川 省 绵阳 市县 开户行 中国工商银行绵阳剑南支行
金额	人民币（大写）	柒仟柒佰贰拾贰元整	亿千百十万千百十元角分 ￥ 7 7 2 2 0 0		
款项内容	商品款	托收凭据名称	银行承兑汇票	附寄单证张数	1 张
商品发运情况	已发运		合同名称号码	购销合同 7685432	
备注：					
	上列款项随附有关债务证明，请予办理 (绵阳华远电子科技有限公司 财务专用章) (王兰印) (雷玲印)				
付款人开户银行收到日期： 　年　月　日		收款人签章		复核：　　记账：	

此联付款人开户银行作付款人按期付款通知

（2）出纳取得托收凭证1（受理回单）。

托收凭证（受理回单）

中国工商银行

委托日期：2014 年 12 月 20 日

业务类型	委托收款（□邮划　□电划）				托收承付（□邮划　□电划）			
付款人	全称	绵阳海瑞电子有限责任公司			收款人	全称	绵阳华远电子科技有限公司	
	账号	02010140100000602				账号	2308412319022115326	
	地址	四川 省 绵阳 市县	开户行	绵阳市商业银行		地址	四川 省 绵阳 市县	开户行 中国工商银行绵阳剑南支行
金额	人民币（大写）	柒仟柒佰贰拾贰元整			亿 千 百 十 万 千 百 十 元 角 分 ¥ 7 7 2 2 0 0			
款项内容	商品款		托收凭据名称	银行承兑汇票	附寄单证张数	1 张		
商品发运情况					合同名称号码			
备注：								

此联作收款人开户银行给收款人的受理回单

款项收妥日期　　中国工商银行绵阳剑南支行业务章　　赵红 印

收款人开户银行签章

复核：　记账：　　　年　月　日　　　2014 年 12 月 20 日

业务十二：12 月 22 日，收到 12 月 20 日到期的银行承兑汇票款项。

（1）出纳到开户银行打印业务回单或收到银行收账通知。

中国工商银行 业务回单（收款）凭证

日期：2014 年 12 月 20 日　　　回单编号：15061000002

付款人户名：绵阳海瑞电子有限责任公司			付款人开户行：绵阳市商业银行	
付款人账号（卡号）：02010140100000602			收款人开户行：中国工商银行绵阳剑南支行	
收款人户名：绵阳华远电子科技有限公司				
收款人账号（卡号）：2308412319022115326				
金额：柒仟柒佰贰拾贰元整			小写：¥7722.00	
业务（产品）种类：转账	凭证种类：000000000		凭证号码：000000000000000	
摘要：	用途：		币种：人民币	
交易机构：0230800055	记账柜员：02763	交易代码：02713	渠道：柜台	
汇划种类：银行承兑汇票	客户附言：	用途：		

中国工商银行绵阳剑南支行 自动回单机专用章（002）

本回单为第 1 次打印，注意重复　　打印时间：2014 年 12 月 8 日　　打印柜员：9　　验证码：D9198D73C006

出纳岗位实训

ICBC 中国工商银行 托收凭证（汇款依据或收账通知） **4**

委托日期：2014 年 12 月 20 日　　　　付款期限：　年　月　日

业务类型	委托收款（□邮划　□电划）			托收承付（□邮划　□电划）		
付款人	全称	绵阳海瑞电子有限责任公司	收款人	全称	绵阳华远电子科技有限公司	
	账号	02010140100000602		账号	2308412319022115326	
	地址	四川省 绵阳市 开户行 绵阳市商业银行		地址	四川省 绵阳市 开户行	中国工商银行绵阳剑南支行

金额	人民币（大写）	柒仟柒佰贰拾贰元整	亿 千 百 十 万 千 百 十 元 角 分
			¥　　　　　7 7 2 2 0 0

款项内容	商品款	托收凭据名称	银行承兑汇票	附寄单证张数	1张

商品发运情况		合同名称号码	

备注：

上列款项已划回收入你方账户内。

（中国工商银行 绵阳剑南支行 转讫）

收款人开户银行签章 2014 年 12 月 20 日

复核：　　　记账：

此联付款人开户银行凭以汇款或收款人开户银行作收账通知

（2）会计根据业务回单或托收凭证4（收款通知）编制记账凭证。

收 款 凭 证

借方科目：银行存款　　　　2014 年 12 月 20 日　　　　收字第 3 号

摘要	贷方总账科目	明细科目	记账符号	金额 千 百 十 万 千 百 十 元 角 分
银行承兑汇票到期收到款项	应收票据	绵阳海瑞电子有限责任公司		7 7 2 2 0 0
合　计				¥　　　7 7 2 2 0 0

附单据 3 张

财务主管：李林　　记账：张勇　　出纳：雷玲　　审核：　　制单：张勇

(3) 出纳登记银行存款日记账。

银行存款日记账

开户银行：中国工商银行绵阳剑南支行
账号：23084123190022115326

第 1 页

2014年		凭证字号	摘要	银行凭证	对方科目	借方 亿千百十万千百十元角分	贷方 亿千百十万千百十元角分	借或贷	余额 亿千百十万千百十元角分	√
月	日									
12	1		期初余额						1 6 0 0 0 0 0 0 0	
12	1	付1	提取现金	现金支票	库存现金		3 0 0 0 0 0 0		1 5 7 0 0 0 0 0 0	
12	3	付2	支付购材料款	转账支票	在途物资		6 5 5 2 0 0		1 5 0 4 4 8 0 0	
12	6	收1	收到销货款	转账支票	主营业务收入	5 8 9 6 8 0			1 5 6 3 4 4 4 8 0	
12	8	付4	预付购货款	电汇凭证	预付账款		1 0 0 0 0 0 0 0		1 4 6 3 4 4 4 8 0	
12	8	付4	支付汇款手续费	收费单据	财务费用		5 0 0 0		1 4 6 2 9 4 4 8 0	
12	9	收2	收到销货款	收账通知	应收账款	7 0 2 0 0 0 0			1 5 3 3 1 4 4 8 0	
12	12	付5	支付银行承兑汇票手续费	收费单据	财务费用		1 0 0 0 0		1 5 3 3 0 4 4 8 0	
12	16	付6	承兑到期银行承兑汇票	业务回单	应付票据		1 7 7 8 4 0 0		1 3 5 5 2 0 8 0	
12	20	付3	收到期银行承兑汇票款项	托收凭证	应付票据	7 7 2 2 0 0			1 4 3 2 4 2 8 0	

出纳岗位实训

业务十三：12月21日销售产品办理委托收款。

（1）出纳填写托收凭证（一式五联）到开户银行办理托收手续。

5100133140　　四川增值税专用发票　　No. 38990765

开票日期：2014 年 12 月 21 日

购货单位	名　　称	莫仕公司四川分公司				密码区	02+318<*78-2>59*13713		
	纳税人识别号	510902786543249					35-8<52/534676<4>88/<		
	地址、电话	成都市高新区62号　028-88697654					1-9/<+5+1-2<*806>*-+1		
	开户行及账户	中国工商银行成都高新区支行 2308412319022235279					*2020>3944122<2>>>44		
货物或应税劳务名称	规格型号	单位	数量	单价	金额		税率	税额	
单孔七圈磁盒		个	1700	1.20	2040.00		17%	346.80	
双孔十圈磁盒		个	1900	1.80	3420.00		17%	581.40	
合计					¥5460.00			¥928.20	
价税合计（大写）	人民币陆仟叁佰捌拾捌元贰角整				（小写）¥6388.20				
销货单位	名　　称	绵阳华远电子科技有限公司				备注			
	纳税人识别号	510793769970265							
	地址、电话	绵阳市金菊街8号　0816-6732169							
	开户行及账户	中国工商银行绵阳剑南支行 2308412319022115326							

收款人：　　复核：　　开票人：陈强　　销货单位：（章）

第一联　记账联　销货方记账凭证

ICBC 中国工商银行　托收凭证（贷方凭证）

2

委托日期：2014 年 12 月 21 日　　付款期限：　年　月　日

业务类型	委托收款（□邮划　□电划）					托收承付（□邮划　□电划）					
付款人	全称	莫仕公司四川分公司				收款人	全称	绵阳华远电子科技有限公司			
	账号	2308412319022235279					账号	2308412319022115326			
	地址	四川	省	成都	市县	开户行	中国工商银行成都高新区支行	地址	四川	省	绵阳	市县	开户行	中国工商银行绵阳剑南支行
金额	人民币（大写）	陆仟叁佰捌拾捌元贰角整					亿 千 百 十 万 千 百 十 元 角 分 ¥　　　　　6 3 8 8 2 0				
款项内容	销货款		托收凭据名称	委托收款			附寄单证张数	1张			
商品发运情况	已发运					合同名称号码	购销合同 7098672				
备注：											

上列款项随附有关债务证明，请予办理

王兰（印）　雷玲（印）

付款人开户银行收到日期：　　收款人签章　　复核：　　记账：
　年　月　日

此联作收款人开户银行给收款人的受理回单

（2）取得银行托收凭证1（回单）。

中国工商银行 ICBC　　托收凭证（受理回单）1

委托日期：2014年12月21日　　4765421098

业务类型	委托收款（□邮划　□电划）			托收承付（□邮划　□电划）			
付款人	全称	莫仕公司四川分公司		收款人	全称	绵阳华远电子科技有限公司	
	账号	2308412319022235279			账号	2308412319022115326	
	地址	四川省 成都市县	开户行 中国工商银行成都高新区支行		地址	四川省 绵阳市县	开户行 中国工商银行绵阳剑南支行
金额	人民币（大写）	陆仟叁佰捌拾捌元贰角整		亿千百十万千百十元角分　¥638820			
款项内容	销货款		托收凭据名称	委托收款		附寄单证张数	1张
商品发运情况	已发运			合同名称号码	购销合同7098672		
备注：		款项收妥日期					

中国工商银行 绵阳剑南支行 业务章

赵红 印

2014年12月21日

复核：　　记账：　　年　月　日

此联作收款人开户银行给收款人的受理回单

（3）会计根据增值税发票记账联、托收凭证1（回单）编制记账凭证。

转 账 凭 证

2014年12月21日　　　　　　转字第4号

摘要	总账科目	明细科目	借方金额 亿千百十万千百十元角分	贷方金额 亿千百十万千百十元角分	√
销售产品、委托银行收款	应收账款	莫仕公司四川分公司	638820		
	应交税费	应交增值税（销项税额）		92820	
	主营业务收入			546000	
合计			¥638820	¥638820	

附单据 2 张

会计主管：李林　　记账：张勇　　出纳：雷玲　　复核：　　制单：张勇

出纳岗位实训

业务十四：12月23日收到莫仕公司四川分公司货款。

（1）出纳到银行打印业务回单或收到银行托收凭证4（收账通知）。

ICBC 中国工商银行 业务回单（收款）凭证

日期：2014年12月23日　　回单编号：15061000002

付款人户名：莫仕公司四川分公司	付款人开户行：中国工商银行成都高新区支行
付款人账号（卡号）：230841231902235279	收款人开户行：中国工商银行绵阳剑南支行
收款人户名：绵阳华远电子科技有限公司	
收款人账号（卡号）：230841231902211 5326	
金额：陆仟叁佰捌拾捌元贰角整	小写：¥6388.20
业务（产品）种类：转账　凭证种类：000000000	凭证号码：000000000000000000
摘要：　用途：	币种：人民币
交易机构：0230800055　记账柜号：02763　交易代码：02713	渠道：柜台
汇划种类：委托收款　客户附言：　用途：	

（盖章：中国工商银行绵阳剑南支行 自动回单机专用章（002））

本回单为第1次打印，注意重复　　打印时间：2014年12月8日　　打印柜员：9　　验证码：D9198D73C006

ICBC 中国工商银行 托收凭证 4（汇款依据或收账通知） 4765421098

委托日期：2014年12月21日　　付款期限：　年　月　日

业务类型	委托收款（□邮划　□电划）	托收承付（□邮划　□电划）
付款人 全称	莫仕公司四川分公司	收款人 全称：绵阳华远电子科技有限公司
账号	230841231902235279	账号：230841231902211 5326
地址	四川省成都市县　开户行：中国工商银行成都高新区支行	地址：四川省绵阳市县　开户行：中国工商银行绵阳剑南支行

金额	人民币（大写）：陆仟叁佰捌拾捌元贰角整	亿 千 百 十 万 千 百 十 元 角 分
		¥　　　　6 3 8 8 2 0

款项内容：销货款	托收凭据名称：委托收款	附寄单证张数：1张
商品发运情况：已发运	合同名称号码：购销合同7098672	

备注：上列款项已划回收入你方账户内
（盖章：中国工商银行剑南支行 2014.12.23 收讫）

收款人开户银行签章　2014年12月23日

复核：　　记账：

此联付款人开户银行凭以汇款或收款人开户银行作收账通知

（2）会计根据业务回单或托收凭证（收账通知）编制记账凭证。

收 款 凭 证

借方科目：<u>银行存款</u>　　　　2014 年 12 月 23 日　　　　　　收字第 4 号

摘　要	贷方总账科目	明细科目	记账符号	金　额										附单据1张
				千	百	十	万	千	百	十	元	角	分	
收到销货款	应收账款	莫仕四川分公司					6	3	8	8	2	0		
合　计								¥6	3	8	8	2	0	

财务主管：李林　　　记账：张勇　　　出纳：雷玲　　　审核：　　　制单：

（3）出纳登记银行存款日记账。

银行存款日记账

开户银行：中国工商银行绵阳剑南支行
账号：2308412319022115326
第 1 页

2014年 月	日	凭证字号	银行凭证	摘要	对方科目	借方	贷方	借或贷	余额	√
12	1			期初余额				借	1,600,000.00	✓
12	1	付1	现金支票	提取现金	库存现金		30,000.00	借	1,570,000.00	
12	3	付2	转账支票	支付购材料款	在途物资		65,520.00	借	1,504,480.00	
12	6	收1	转账支票	收到销货款	主营业务收入	58,968.00		借	1,563,448.00	
12	8	付4	电汇凭证	预付购货款	预付账款		100,000.00	借	1,463,448.00	
12	8	付4	收费单据	支付汇款手续费	财务费用		50.00	借	1,463,398.00	
12	9	收2	收账通知	收到销货款	应收账款	70,200.00		借	1,533,598.00	
12	12	付5	收费单据	支付银行承兑汇票手续费	财务费用		1,000.00	借	1,532,598.00	
12	16	付6	业务回单	承兑到期银行承兑汇票	应付票据		177,840.00	借	1,354,758.00	
12	20	付3	托收凭证	收到到期银行承兑汇票款项	应付票据	77,220.00		借	1,432,478.00	
12	23	收4	业务回单	收到销货款	应收账款	63,882.00		借	1,496,360.00	

业务十五：12月25日支付11月电费。

（1）出纳打印业务回单或收到托收凭证5（付款通知）。

中国工商银行 ICBC 业务回单（收款凭证）

日期：2014年12月25日　　　　回单编号：15061000002

付款人户名：绵阳华远电子科技有限公司	付款人开户行：中国工商银行绵阳剑南支行
付款人账号（卡号）：2308412319022115326	收款人开户行：中国农业银行游仙支行
收款人户名：四川省电力公司绵阳市游仙供电分公司	
收款人账号（卡号）：32123098765312234	
金额：捌仟零陆拾贰元整	小写：¥8062.00
业务（产品）种类：转账　　凭证种类：000000000	凭证号码：0000000000000000
摘要：　　　用途：	币种：人民币
交易机构：0230800055　记账柜号：02763　交易代码：02713	渠道：柜台
汇划种类：转账支票　客户附言：　用途：	

（中国工商银行绵阳剑南支行 自动回单机专用章（002））

本回单为第1次打印，注意重复　　打印时间：2014年12月25日　　打印柜员：9　　验证码：D9198D73C006

中国工商银行 ICBC 托收凭证（付款通知）

5　5765421099

委托日期：2014年12月25日　　　　付款期限：　　年　月　日

业务类型	委托收款（□邮划　□电划）	托收承付（□邮划　□电划）	
付款人	全称：绵阳华远电子科技有限公司 账号：2308412319022115326 地址：四川省成都市县　开户行：中国工商银行绵阳剑南支行	收款人	全称：四川省电力公司绵阳市游仙供电分公司 账号：32123098765312234 地址：四川省绵阳市县　开户行：中国农业银行游仙支行
金额	人民币（大写）：捌仟零陆拾贰元整	亿千百十万千百十元角分 ¥　　　　8　0　6　2　0　0	
款项内容	电费	托收凭据名称：委托收款	附寄单证张数：1张
商品发运情况：		合同名称号码：	
备注：		付款人注意： 1. 根据支付结算方法，上列委托收款（托收承付）款项在付款期限内未提出拒付，即视为同意付款，以此代付款通知。 2. 如需提出全部或部分拒付，应在规定期限内，将拒付理由书并附债务证明退交开户银行。	
付款人开户银行收到日期：　年　月　日 复核：　　记账：	付款人开户银行签章 （中国工商银行绵阳剑南支行 2014.12.25 转）（于波） 2014年12月25日		

此联付款人开户银行作付款人按期付款通知

出纳岗位实训

国网四川省电力	四川省绵阳市国家税务局通用机打发票	发票代号：151071413002
绵阳市游仙供电分公司	发 票 联	发票号码：00077883

开票日期：2012 年 12 月 25 日　　　　行业分类：电力供应

计费日期	2014.11	计量：电量：千瓦时；电费：元；电价：元/千瓦时；容量：千伏安、千瓦							
客户名称	绵阳华远电子科技有限公司		客户号	0080991377	地址	绵阳市金菊街8号			
用电类别	止数	起数	倍率	实用电量	损耗	加减	合计电量	电价	电费
普非（未06峰）	4574.83	4466.74	40	4323	166		4489	1.041660	4676.01
普非（未06平）	10274.57	10079.56	40	7801	94	-5349	2546	0.694440	1768.04
普非（未06谷）	533.37	507.72	40	1026	39		1065	0.347220	369.79
无功06	2431.66	2380.94	40	2028	1866	14	3908	0.000000	0.00
反无功06	21.78	21.42	40	14		-14	0	0.000000	0.00
非居民照13峰	20219	19802	1	417	16		433	1.041660	451.04
非居民照13平	52009	50977	1	1032	17	-610	439	0.694440	304.86
水利基金	9172	0.007	64.20					本期电费	8061.87
农网还贷	9172	0.02	183.44						
库区移民基金	9172	0.0088	80.71					本次交款	8062.00
可再生能源附加	9172	0.014	128.41					上次未收	0.70
				力调电费		-0.005	-34.07	本次未收	0.57
合计人民币（大写）	捌仟零陆拾贰元整							合计（小写）	8062.00
				抄表员：	邓小刚		收款人：	张仁华	

第一联　发票联（购货单位付款凭证）（手开无效）

（2）会计根据发票及业务回单或托收凭证5（银行付款通知）编制记账凭证。

付 款 凭 证

贷方科目：银行存款　　　　2014 年 12 月 25 日　　　　付字第 7 号

摘　要	借方总账科目	明细科目	记账符号	金　额									
				千	百	十	万	千	百	十	元	角	分
支付电费	管理费用	电费					¥	8	0	6	2	0	0
合　计							¥	8	0	6	2	0	0

附单据 2 张

财务主管：李林　　记账：张勇　　出纳：雷玲　　审核：　　制单：张勇

(3) 出纳登记银行存款日记账。

银行存款日记账

开户银行：中国工商银行绵阳剑南支行
账号：23084123190221115326
第 1 页

2014年		凭证字号	银行凭证	摘要	对方科目	借方	贷方	借或贷	余额
月	日								
12	1			期初余额				借	1600000 00
12	1	付1	现金支票	提取现金	库存现金		30000 00		1570000 00
12	3	付2	转账支票	支付购材料款	在途物资		65520 00		1504480 00
12	6	收1	转账支票	收到销货款	主营业务收入	58968 00			1563448 00
12	8	付4	电汇凭证	预付购货款	预付账款		100000 00		1463448 00
12	8	付4	收费单据	支付汇款手续费	财务费用		50 00		1462948 00
12	9	收2	收账通知	收到销货款	应收账款	70200 00			1533148 00
12	12	付5	收费单据	支付银行承兑汇票手续费	财务费用		100 00		1533048 00
12	16	付6	业务回单	承兑到期银行承兑汇票	应付票据		177840 00		1355208 00
12	20	付3	托收凭证	收到到期银行承兑汇票款项	应收票据	77220 00			1432428 00
12	23	收4	业务回单	收到销货款	应收账款	63882 00			1496310 00
12	25	付7	业务回单	支付电费	管理费用		80620 00		1415690 00

业务十六：12月26日向银行申请开出银行本票。

（1）出纳填写银行本票申请书（一式三联）向银行申请银行本票。

中国工商银行 银行汇（本）票申请书　510000276589

2014年12月26日　流水号：

币别：

业务类型	□银行汇票　☑银行本票	付款方式	□转账　□现金
申 请 人	绵阳华远电子科技有限公司	收 款 人	四川松田电子有限责任公司
账　　号	23084123190221115326	账　　号	51001658638051500806
用　　途	购材料	代理付款行	中国工商银行绵阳剑南支行
金额（大写）	伍仟元整	亿 千 百 十 万 千 百 十 元 角 分	¥ 5 0 0 0 0 0

上述款项请从我账户内支付

客户签章

第二联　银行借方凭证

会计主管：　　授权：　　复核：　　录入：

（2）取得银行本票申请书第一联（回单）及银行本票2。

中国工商银行 银行汇（本）票申请书　510000271634

2014年12月26日　流水号：

币别：

业务类型	□银行汇票　☑银行本票	付款方式	□转账　□现金
申 请 人	绵阳华远电子科技有限公司	收 款 人	四川松田电子有限责任公司
账　　号	23084123190221115326	账　　号	51001658638051500806
用　　途	购材料	代理付款行	中国工商银行绵阳剑南支行
金额（大写）	伍仟元整	亿 千 百 十 万 千 百 十 元 角 分	¥ 5 0 0 0 0 0

中国工商银行绵阳剑南支行 2014.12.26 转讫　于波

客户签章

第一联　客户回单

会计主管：　　授权：　　复核：　　录入：

付款期限自出票之日起一个月	中国工商银行　　本　票　　2	9866234 0976537

出票日期（大写）：贰零壹肆 年　拾贰 月　贰拾陆 日
收款人：四川松田电子有限责任公司　　　申请人：绵阳华远电子科技有限公司

人民币（大写）：伍仟元整　　　¥ 5 0 0 0 0 0

☑ 转账　　□ 现金　　　　密押：
　　　　　　　　　　　　　　行号：

备注　　　　　出票人签章　　出纳：　　复核：　　经办：

（3）会计根据银行本票申请书回单编制记账凭证。

付 款 凭 证

贷方科目：银行存款　　　2014 年 12 月 26 日　　　付字第 8 号

摘　要	借方总账科目	明细科目	记账符号	金　额（千百十万千百十元角分）
向银行申请开出银行本票	其他货币资金	银行本票存款		5 0 0 0 0 0
合　计				¥ 5 0 0 0 0 0

附单据 1 张

财务主管：李林　　记账：张勇　　出纳：雷玲　　审核：　　制单：张勇

（4）出纳登记银行存款日记账。

银行存款日记账

开户银行：中国工商银行绵阳剑南支行
账号：23084123190222115326
第 1 页

2014年		凭证字号	银行凭证	摘 要	对方科目	借方金额	贷方金额	借或贷	余 额	√
月	日									
12	1			期初余额					1600000.00	
12	1	付1	现金支票	提取现金	库存现金		30000.00		1570000.00	
12	3	付2	转账支票	支付购材料款	在途物资		65520.00		1504480.00	
12	6	收1	转账支票	收到销货款	主营业务收入	58968.00			1563448.00	
12	8	付4	电汇凭证	预付购货款	预付账款		100000.00		1463448.00	
12	8	付4	收费单据	支付汇款手续费	财务费用		50.00		1463398.00	
12	9	收2	收账通知	收到销货款	应收账款	70200.00			1533598.00	
12	12	付5	收费单据	支付银行承兑汇票手续费	财务费用		1000.00		1532598.00	
12	16	付6	业务回单	承兑银行到期银行承兑汇票	应付票据		177840.00		1354758.00	
12	20	付3	托收凭证	收到到期期银行承兑汇票款项	应付票据	77220.00			1432088.00? 1432978.00	
12	23	收4	业务回单	收到销货款	应收账款	63882.00			1496310.00	
12	25	付7	业务回单	支付电费	管理费用		80620.00		1415690.00	
12	26	付8	银行本票	向银行申请取得银行本票	其他货币资金		50000.00		1365690.00	

业务十七：12 月 27 日购入材料，以银行本票结算。

5100133140	四川增值税专用发票 	No.08976543
		开票日期：2014 年 12 月 27 日

<table>
<tr><td rowspan="4">购货单位</td><td>名　称</td><td colspan="3">绵阳华远电子科技有限公司</td><td rowspan="4">密码区</td><td colspan="2">02+913<*87-1>59*14713</td><td>加密版本：01</td></tr>
<tr><td>纳税人识别号</td><td colspan="3">510793769970265</td><td colspan="2">44-8<45/259564<4>92/<</td><td>1100121140</td></tr>
<tr><td>地址、电话</td><td colspan="3">绵阳市金菊街 8 号　0816-6732169</td><td colspan="2">2-9/<+5+1-2<*806>*-+0</td><td rowspan="2">02000713</td></tr>
<tr><td>开户行及账号</td><td colspan="3">中国工商银行绵阳剑南支行
2308412319022115326</td><td colspan="2">*1021><1553922<3>>>52</td></tr>
<tr><td colspan="2">货物或应税劳务名称</td><td>规格型号</td><td>单位</td><td>数量</td><td>单价</td><td>金额</td><td>税率</td><td>税额</td></tr>
<tr><td colspan="2">POE 磁芯</td><td></td><td>个</td><td>20000</td><td>0.20</td><td>2400.00</td><td>17%</td><td>408.00</td></tr>
<tr><td colspan="2">POE 磁环</td><td></td><td>个</td><td>10000</td><td>0.15</td><td>1500.00</td><td>17%</td><td>255.00</td></tr>
<tr><td colspan="2"></td><td></td><td></td><td></td><td></td><td></td><td></td><td></td></tr>
<tr><td colspan="2">合计</td><td></td><td></td><td></td><td></td><td>¥3900.00</td><td></td><td>¥663.00</td></tr>
<tr><td colspan="2">价税合计（大写）</td><td colspan="4">人民币肆仟伍佰陆拾叁元整</td><td colspan="3">（小写）¥4563.00</td></tr>
<tr><td rowspan="4">销货单位</td><td>名　称</td><td colspan="3">四川松田电子有限责任公司</td><td rowspan="4">备注</td><td colspan="3" rowspan="4"></td></tr>
<tr><td>纳税人识别号</td><td colspan="3">5103797683701647</td></tr>
<tr><td>地址、电话</td><td colspan="3">绵阳市剑南路 26 号　0816-2675806</td></tr>
<tr><td>开户行及账号</td><td colspan="3">中国建设银行绵阳剑南路支行
51001658638051500806</td></tr>
</table>

收款人：　　　　复核：　　　　开票人：李萍　　　　销货单位：（章）

第二联　抵扣联　购货方抵扣凭证

5100133140	四川增值税专用发票 	No.08976543
		开票日期：2014 年 12 月 27 日

<table>
<tr><td rowspan="4">购货单位</td><td>名　称</td><td colspan="3">绵阳华远电子科技有限公司</td><td rowspan="4">密码区</td><td colspan="2">02+913<*87-1>59*14713</td><td>加密版本：01</td></tr>
<tr><td>纳税人识别号</td><td colspan="3">510793769970265</td><td colspan="2">44-8<45/259564<4>92/<</td><td>1100121140</td></tr>
<tr><td>地址、电话</td><td colspan="3">绵阳市金菊街 8 号　0816-6732169</td><td colspan="2">2-9/<+5+1-2<*806>*-+0</td><td rowspan="2">02000713</td></tr>
<tr><td>开户行及账号</td><td colspan="3">中国工商银行绵阳剑南支行
2308412319022115326</td><td colspan="2">*1021><1553922<3>>>52</td></tr>
<tr><td colspan="2">货物或应税劳务名称</td><td>规格型号</td><td>单位</td><td>数量</td><td>单价</td><td>金额</td><td>税率</td><td>税额</td></tr>
<tr><td colspan="2">POE 磁芯</td><td></td><td>个</td><td>20000</td><td>0.20</td><td>2400.00</td><td>17%</td><td>408.00</td></tr>
<tr><td colspan="2">POE 磁环</td><td></td><td>个</td><td>10000</td><td>0.15</td><td>1500.00</td><td>17%</td><td>255.00</td></tr>
<tr><td colspan="2"></td><td></td><td></td><td></td><td></td><td></td><td></td><td></td></tr>
<tr><td colspan="2">合计</td><td></td><td></td><td></td><td></td><td>¥3900.00</td><td></td><td>¥663.00</td></tr>
<tr><td colspan="2">价税合计（大写）</td><td colspan="4">人民币肆仟伍佰陆拾叁元整</td><td colspan="3">（小写）¥4563.00</td></tr>
<tr><td rowspan="4">销货单位</td><td>名　称</td><td colspan="3">四川松田电子有限责任公司</td><td rowspan="4">备注</td><td colspan="3" rowspan="4"></td></tr>
<tr><td>纳税人识别号</td><td colspan="3">5103797683701647</td></tr>
<tr><td>地址、电话</td><td colspan="3">绵阳市剑南路 26 号　0816-2675806</td></tr>
<tr><td>开户行及账号</td><td colspan="3">中国建设银行绵阳剑南路支行
51001658638051500806</td></tr>
</table>

收款人：　　　　复核：　　　　开票人：李萍　　　　销货单位：（章）

第三联　发票联　购货方记账凭证

> 出纳岗位实训

业务十八：12月27日收到银行本票多余款。

（1）出纳打印业务回单或收到银行收账通知单。

ICBC 中国工商银行 业务回单（收款）凭证

日期：2014年12月28日　　　　回单编号：15061000002

付款人户名：四川松田电子有限责任公司	付款人开户行：中国建设银行绵阳剑南路支行
付款人账号（卡号）：51001658638051500806	收款人开户行：中国工商银行绵阳剑南支行
收款人户名：绵阳华远电子科技有限公司	
收款人账号（卡号）：2308412319022115326	
金额：肆佰叁拾柒元整	小写：¥437.00
业务（产品）种类：转账　凭证种类：000000000	凭证号码：00000000000000000
摘要：　　　用途：	币种：人民币
交易机构：0230800055　记账柜员：02763　交易代码：02713	渠道：柜台
汇划种类：银行本票　客户附言：　　用途：	

本回单为第1次打印，注意重复　　打印时间：　年　月　日　　打印柜员：9　验证码：D9198D73C006

（盖章：中国工商银行绵阳剑南支行 自动回单机专用章（002））

ICBC 中国工商银行　进账单（收账通知）3

2014年12月28日

出票人	全称	四川松田电子有限责任公司	收款人	全称	绵阳华远电子科技有限公司										
	账号	51001658638051500806		账号	2308412319022115326										
	开户银行	中国建设银行绵阳剑南路支行		开户银行	中国工商银行绵阳剑南支行										
金额	人民币（大写）	肆佰叁拾柒元整			亿	千	百	十	万	千	百	十	元	角	分
										¥	4	3	7	0	0
票据种类	银行本票	票据张数	1												
票据号码	98662340976537														

（盖章：中国工商银行绵阳剑南支行 2014.12.28 业务章）（签章：赵红）

复核：　　记账：　　收款人开户银行签章

此联是收款人开户银行交给收款人的收账通知

中国工商银行 业务回单（付款） 凭证

日期：2014 年 12 月 28 日　　　　　　　回单编号：15061000002

付款人户名：绵阳华远电子科技有限公司			付款人开户行：中国工商银行绵阳剑南支行		
付款人账号（卡号）：23084123190221115326			收款人开户行：中国建设银行绵阳剑南路支行		
收款人户名：四川松田电子有限责任公司					
收款人账号（卡号）：51001658638051500806					
金额：肆仟伍佰陆拾叁元整			小写：¥4563.00		
业务（产品）种类：转账		凭证种类：000000000		凭证号码：0000000000000000	
摘要：		用途：		币种：人民币	
交易机构：0230800055	记账柜号：02763		交易代码：02713	渠道：柜台	
汇划种类：银行本票	客户附言：		用途：		

本回单为第 1 次打印，注意重复　　打印时间：　　年　月　日　　打印柜员：9　　验证码：D9198D73C006

（盖章：中国工商银行绵阳剑南支行 自动回单机专用章 (002)）

（2）会计根据增值税发票、业务回单（付款）编制记账凭证。

转 账 凭 证

2014 年 12 月 28 日　　　　　　　　　　　　　　　　　转字第 2 号

摘 要	总账科目	明细科目	借方金额 亿千百十万千百十元角分	贷方金额 亿千百十万千百十元角分	√
购入材料、以银行本票结算	在途物资		3 9 0 0 0 0		
	应交税费	应交增值税（销项税额）	6 6 3 0 0		
	其他货币资金	银行本票存款		4 5 6 3 0 0	
合 计			¥ 4 5 6 3 0 0	¥ 4 5 6 3 0 0	

附单据 2 张

会计主管：李林　　记账：张勇　　出纳：　　复核：　　制单：张勇

(3) 会计根据业务回单（收款）、收到银行本票多余款项编制记账凭证。

收 款 凭 证

借方科目：银行存款　　　　　　　　2014年12月28日　　　　　　　　　　收字第5号

摘　要	贷方总账科目	明细科目	记账符号	金　额									附单据1张
				千	百	十	万	千	百	十	元	角	分
收到银行本票余款	其他货币资金	银行本票存款						4	3	7	0	0	
合　计								¥ 4	3	7	0	0	

财务主管：李林　　　　记账：张勇　　　　出纳：雷玲　　　　审核：　　　　制单：张勇

（4）出纳登记银行存款日记账。

银行存款日记账

开户银行：中国工商银行绵阳剑阳剑南支行　　　账号：23084123190022115326　　　第 1 页

2014年 月	日	凭证字号	银行凭证	摘要	对方科目	借方	贷或借	贷方	余额	√
12	1			期初余额			借		1,600,000.00	√
12	1	付1	现金支票	提取现金	库存现金		借	30,000.00	1,570,000.00	
12	3	付2	转账支票	支付购材料款	在途物资		借	65,520.00	1,504,480.00	
12	6	收1	转账支票	收到销货款	主营业务收入	58,968.00	借		1,563,448.00	
12	8	付4	电汇凭证	预付购货款	预付账款		借	100,000.00	1,463,448.00	
12	8	付4	收费单据	支付汇款手续费	财务费用		借	500.00	1,462,948.00	
12	9	收2	收账通知	收到销货款	应收账款	70,200.00	借		1,533,148.00	
12	12	付5	收费单据	支付银行承兑汇票手续费	财务费用		借	100.00	1,533,048.00	
12	16	付6	业务回单	承兑到期银行承兑汇票	应付票据		借	177,840.00	1,355,208.00	
12	20	收3	托收凭证	收到到期银行承兑汇票款项	应收票据	77,220.00	借		1,432,428.00	
12	23	收4	业务回单	收到销货款	应收账款	63,882.00	借		1,496,310.00	
12	25	付7	业务回单	支付电费	管理费用		借	80,620.00	1,415,690.00	
12	26	付8	银行本票	向银行申请取得银行本票	其他货币资金		借	50,000.00	1,365,690.00	
12	27	收5	业务回单	收到银行本票多余款项	其他货币资金	4,370.00	借		1,370,060.00	

> 出纳岗位实训

业务十九：12 月 27 日销售产品收到银行本票。

5100133140　　四川增值税专用发票　　No. 38990978

开票日期：2014 年 12 月 27 日

购货单位	名　称	四川绵阳久久电子科技有限公司	密码区	03+319<*78-2>59*13712
	纳税人识别号	510700729812978		34-8<53/534678<4>89/<
	地址、电话	四川省绵阳市涪城区红星街 188 号 0816-2266875		1-9/<+5+1-2<*806>*-+1
	开户行及账号	中国工商银行绵阳市涪城区支行 240101040002467		*2021>3944122<2>>>43

货物或应税劳务名称	规格型号	单位	数量	单价	金额	税率	税额
单孔七圈磁盒		个	1500	1.20	1800.00	17%	306.00
双孔十圈磁盒		个	1500	1.80	2700.00	17%	459.00
合　计					¥4500.00		¥765.00
价税合计（大写）	人民币伍仟贰佰陆拾伍元整				（小写）¥5265.00		

销货单位	名　称	绵阳华远电子科技有限公司	备注	
	纳税人识别号	510793769970265		
	地址、电话	绵阳市金菊街 8 号　0816-6732169		
	开户行及账号	中国工商银行绵阳剑南支行 23084123190221153262		

收款人：　　　　　复核：　　　　　开票人：陈强　　　　　销货单位：（章）

第一联　记账联　销货方记账凭证

（1）出纳背书。

中国工商银行　　本　票　　2

9866234
678590

出票日期（大写）：贰零壹肆 年　拾贰 月　贰拾柒 日　　　申请人：绵阳久久电子科技有限公司

收款人：绵阳华远电子科技有限公司

人民币（大写）：陆仟元整　　　　　　　　　　　　　¥600000

付款期限自出票之日起一个月

☑ 转账　　□ 现金　　　　　　　　密押：＿＿＿＿
　　　　　　　　　　　　　　　　　行号：＿＿＿＿

备注：　　　出票人签章　　出纳：　　复核：　　经办：

被背书人 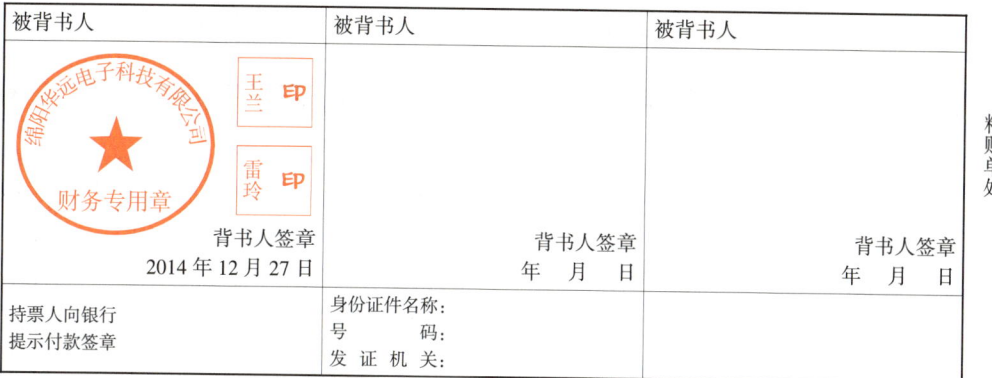 背书人签章 2014 年 12 月 27 日	被背书人 背书人签章 年 月 日	被背书人 背书人签章 年 月 日	粘贴单处
持票人向银行 提示付款签章	身份证件名称： 号　　　　码： 发 证 机 关：		

（2）出纳填写进账单（一式三联）。

ICBC 中国工商银行　　　　　进账单（贷方凭证）1

2014 年 12 月 27 日

出票人	全　称	四川绵阳久久电子科技有限公司	收款人	全　称	绵阳华远电子科技有限公司	此联汇出行凭以汇出汇款
	账　号	240101040002467		账　号	2308412319022115326	
	开户银行	中国工商银行绵阳市涪城区支行		开户银行	中国工商银行绵阳剑南支行	
金额	人民币（大写）	伍仟贰佰陆拾伍元整			亿 千 百 十 万 千 百 十 元 角 分 　　　　　　￥ 5 2 6 5 0 0	
票据种类		银行本票	票据张数	1		
票据号码		987065678590				
备注：					复核：　　　　记账：	

ICBC 中国工商银行　　　　　进账单（回　　单）2

2014 年 12 月 27 日

出票人	全　称	四川绵阳久久电子科技有限公司	收款人	全　称	绵阳华远电子科技有限公司	此联是开户银行交给持（出）票人的回单
	账　号	240101040002467		账　号	2308412319022115326	
	开户银行	中国工商银行绵阳市涪城区支行		开户银行	中国工商银行绵阳剑南支行	
金额	人民币（大写）	伍仟贰佰陆拾伍元整			亿 千 百 十 万 千 百 十 元 角 分 　　　　　　￥ 5 2 6 5 0 0	
票据种类		银行本票	票据张数	1		
票据号码		987065678590				
		复核：　　　　记账：			开户银行签章	

进账单（收账通知）3

中国工商银行 ICBC

2014 年 12 月 27 日

出票人	全　称	四川绵阳久久电子科技有限公司	收款人	全　称	绵阳华远电子科技有限公司
	账　号	240101040002467		账　号	2308412319022115326
	开户银行	中国工商银行绵阳市涪城区支行		开户银行	中国工商银行绵阳剑南支行
金额	人民币（大写）	伍仟贰佰陆拾伍元整			亿 千 百 十 万 千 百 十 元 角 分 　　　　　¥　5　2　6　5　0　0
票据种类	银行本票	票据张数	1		
票据号码	987065678590				
复核：　　记账：				收款人开户银行签章	

此联是收款人开户银行交给收款人的收账通知

（3）出纳取得进账单（回单）。

进账单（回　单）2

中国工商银行 ICBC

2014 年 12 月 27 日

出票人	全　称	四川绵阳久久电子科技有限公司	收款人	全　称	绵阳华远电子科技有限公司
	账　号	240101040002467		账　号	2308412319022115326
	开户银行	中国工商银行绵阳市涪城区支行		开户银行	中国工商银行绵阳剑南支行
金额	人民币（大写）	伍仟贰佰陆拾伍元整			亿 千 百 十 万 千 百 十 元 角 分 　　　　　¥　5　2　6　5　0　0
票据种类	银行本票	票据张数	1	中国工商银行 绵阳剑南支行 业务章	徐洪胜
票据号码	987065678590				
复核：　　记账：				开户银行签章	

此联是开户银行交给持（出）票人的回单

（4）会计编制记账凭证。

收 款 凭 证

借方科目：银行存款　　　2014 年 12 月 27 日　　　收字第 5 号

摘　要	贷方总账科目	明细科目	记账符号	金　额								
				千	百	十	万	千	百	十	元	角	分
销售产品、收到银行本票	主营业务收入						4	5	0	0	0	0
	应交税费	应交增值税（进项税额）						7	6	5	0	0
合　计							¥	5	2	6	5	0	0

附单据 2 张

财务主管：李林　　　记账：张勇　　　出纳：雷玲　　　审核：　　　制单：张勇

（5）出纳登记银行存款日记账。

银行存款日记账

开户银行：中国工商银行绵阳剑南支行
账号：2308412319022115326
第 1 页

2014年 月 日	凭证字号	银行凭证	摘要	对方科目	借方 亿千百十万千百十元角分	贷方 亿千百十万千百十元角分	借或贷	余额 亿千百十万千百十元角分
12 1			期初余额				√	1 6 0 0 0 0 0 0 0
12 1	付1	现金支票	提取现金	库存现金		3 0 0 0 0 0 0		1 5 7 0 0 0 0 0 0
12 3	付2	转账支票	支付购材料款	在途物资		6 5 5 5 2 0 0		1 5 0 4 4 4 8 0 0
12 6	收1	转账支票	收到销货款	主营业务收入	5 8 9 6 8 0			1 5 6 3 4 4 4 8 0
12 8	付4	电汇凭证	预付购货款	预付账款		1 0 0 0 0 0 0 0 0		1 4 6 3 4 4 4 8 0
12 8	付4	收费单据	支付汇款手续费	财务费用		5 0 0 0 0		1 4 6 2 9 4 4 8 0
12 9	收2	收账通知	收到销货款	应收账款	7 0 2 0 0 0 0			1 5 3 3 1 4 8 0
12 12	付5	收费单据	支付银行承兑汇票手续费	财务费用		1 0 0 0 0		1 5 3 3 0 4 8 0
12 16	付6	业务回单	承兑到期银行承兑汇票	应付票据		1 7 7 8 4 0 0		1 3 5 5 2 0 8 0
12 20	付3	托收凭证	收回到期银行承兑汇票款项	应付票据	7 7 2 2 0 0			1 4 3 2 4 2 8 0
12 23	收4	业务回单	收到销货款	应收账款	6 3 8 8 2 0			1 4 9 6 3 1 0 0
12 25	付7	业务回单	支付电费	管理费用		8 0 6 2 0 0		1 4 1 5 6 9 0 0
12 26	付8	银行本票	向银行申请取得银行本票	其他货币资金		5 0 0 0 0 0 0		1 3 6 5 6 9 0 0
12 27	付5	业务回单	收回银行本票多余款项	其他货币资金	4 3 7 0 0 0			1 3 7 0 0 6 0 0
12 27	收5	进账单回单	销售产品收到货款	主营业务收入	5 2 6 5 0 0			1 4 2 2 7 1 0 0
12 27	收6		转次页		3 2 7 2 9 0 0	5 0 4 5 8 0 0		1 4 2 2 7 1 0 0

银行存款日记账

第 2 页

开户银行：中国工商银行绵阳剑南支行
账号：23084123190222115326

2014年		凭证字号	银行凭证	摘要	对方科目	借方 亿千百十万千百十元角分	贷方 亿千百十万千百十元角分	借或贷	余额 亿千百十万千百十元角分
月	日								
12	27			承前页		3 2 7 2 9 0 0	5 0 4 5 8 0 0	√	1 4 2 2 7 1 0 0

业务二十：12月28日向银行申请银行汇票。

（1）出纳填写申请书（一式三联）。

中国工商银行汇票申请书（借方凭证） **2** 第　号

申请日期：2014年12月28日

申 请 人	绵阳华远电子科技有限公司		收 款 人	成都红星公司								
账　　号	23084123190221115326		账　号	230841231 90673596								
用　　途	购材料		代理付款行	中国工商银行绵阳剑南支行								
汇票金额	人民币(大写)	陆万元整		千	百	十	万	千	百	十	元	角	分
							¥	6	0	0	0	0	0	0
上列款项请从我账户内支付 申请人盖章：			科　目： 对方科目（贷）： 转账日期：　　　年　月　日 复核：　　　　　记账：									

● 此联出票行作汇出汇款贷方凭证

（2）收到银行汇票申请书（第一联）回单及银行汇票2。

中国工商银行汇票申请书（存根） **1** 第　号

申请日期：2014年12月28日

申 请 人	绵阳华远电子科技有限公司	收 款 人	成都红星公司								
账　　号	23084123190221115326	账　号	230841231 90673596								
用　　途	购材料	代理付款行	中国工商银行绵阳剑南支行								
汇票金额	人民币(大写)　陆万元整		千	百	十	万	千	百	十	元	角	分
						¥	6	0	0	0	0	0	0
备　注：		科　目： 对方科目： 财务主管：									

● 此联申请人留存

出纳岗位实训

| | 中国工商银行 银行汇票 | | 2 | 97632908 72345638 | 此联代理付款行付款后作联行往来账借方凭证附件 |

出票日期（大写）：贰零壹肆 年 壹拾贰 月 贰拾捌 日
代理付款行：
行　号：789023

收款人：成都红星公司
出票金额人民币（大写）：陆万元整
实际结算金额人民币（大写）：　　　　　　¥60000 00
申请人：绵阳华远电子科技有限公司
账号：2308412319022115326
出票行：中国工商银行绵阳剑南支行
行　号：120021
密押
多余金额
备　注：
凭票付款：
出票行签章：（中国工商银行汇票专用章） 于波 印
复核：　　　记账：

提示付款期限自出票之日起一个月

（3）会计编制记账凭证。

付 款 凭 证

2014 年 12 月 28 日　　　　付字第 9 号

贷方科目：银行存款

摘　要	借方总账科目	明细科目	记账符号	金　额 千百十万千百十元角分
向银行申请开出银行汇票	其他货币资金	银行汇票存款		60000 00
合　计				¥60000 00

附单据 1 张

财务主管：李林　　记账：　　出纳：雷玲　　审核：　　制单：张勇

(4) 出纳登记银行存款日记账。

银行存款日记账

开户银行：中国工商银行绵阳剑南支行 第 2 页
账号：23084123190221115326

2014年		凭证字号	银行凭证	摘要	对方科目	借方 亿千百十万千百十元角分	贷方 亿千百十万千百十元角分	借或贷	余额 亿千百十万千百十元角分	√
月	日									
12	27			承前页		3 2 7 2 9 0 0	5 0 4 5 8 0 0		1 4 2 2 7 1 0 0	
12	28	付8	银行汇票	申请银行汇票	其他货币资金		6 0 0 0 0 0 0 0		8 2 2 7 1 0 0	

出纳岗位实训

业务二十一：12月29日销售产品收到银行汇票。

5100133140			四川增值税专用发票			No. 48987652 开票日期：2014年12月29日		
购货单位	名　称	四川英电纳子科技有限公司			密码区	03+319<*78-2>59*13712 34-8<53/534678<4>89/< 1-9/<+5+1-2<*806>*-+1 *2021>3944122<2>>>43		
	纳税人识别号	510789034514076						
	地址、电话	遂宁市玉龙路16号 0551-6937851						
	开户行及账号	遂宁市商业银行股份有限公司总行营业部 5002129500032						
货物或应税劳务名称	规格型号	单位	数量	单价	金额	税率	税额	
单孔七圈磁盒		个	1500	1.20	1800.00	17%	306.00	
双孔十圈磁盒		个	1800	1.80	3240.00	17%	550.80	
合　计					¥5040.00		¥856.80	
价税合计（大写）	人民币伍仟捌佰玖拾陆元捌角整				（小写）¥5896.80			
销货单位	名　称	绵阳华远电子科技有限公司			备注	绵阳华远电子科技有限公司 510793769970265 发票专用章　　于波 印		
	纳税人识别号	510793769970265						
	地址、电话	绵阳市金菊街8号 0816-6732169						
	开户行及账号	中国工商银行绵阳剑南支行 2308412319022115326						

收款人：　　　复核：　　　开票人：　　　销货单位：（章）

（1）出纳收到银行汇票背书。

中国工商银行 银行汇票　　　　2　　　97632908　72345638

出票日期（大写）：贰零壹肆 年 壹拾贰 月 贰拾玖 日　　代理付款行：　行　号：

收款人：	绵阳华远电子科技有限公司										
出票金额人民币（大写）：陆仟元整											
实际结算金额人民币（大写）：伍仟捌佰玖拾陆元捌角整		千	百	十	万	千	百	十	元	角	分
			¥	5	8	9	6	8	0	0	
申请人：四川英电纳子科技有限公司		账号：5002129500032									
出票行：遂宁市商业银行股份有限公司总行营业部											
行　号：2308412319022115326		密押									
备　注：商品款		多余金额									
出票行签章：（中国工商银行汇票专用章）		亿	千	百	十	万	千	百	十	元	角	分
							¥	1	0	3	2	0
		复核　　记账									

提示付款期限自出票之日起一个月

此联代理付款行付款后作联行往来账借方凭证附件

被背书人：中国工商银行绵阳剑南支行	被背书人
 王兰印 雷玲印 背书人签章 2014 年 12 月 29 日	背书人签章 年 月 日

（2）出纳填写进账单（一式三联）。

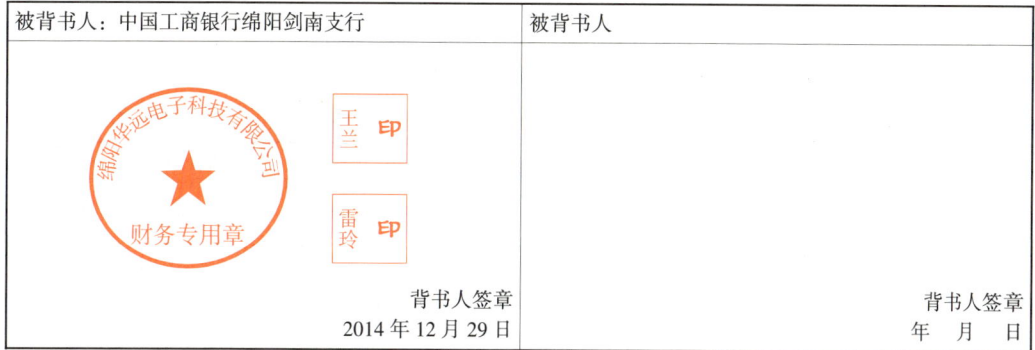

进账单（贷方凭证）1

2014 年 12 月 29 日

出票人	全　称	四川英电纳子科技有限公司	收款人	全　称	绵阳华远电子科技有限公司	此联汇出行凭以汇出汇款
	账　号	5002129500032		账　号	2308412319022115326	
	开户银行	遂宁市商业银行股份有限公司总行营业部		开户银行	中国工商银行绵阳剑南支行	
金额	人民币（大写）	伍仟捌佰玖拾陆元捌角整			亿 千 百 十 万 千 百 十 元 角 分 　　　　　￥　5　8　9　6　8　0	
票据种类	银行本票	票据张数	1			
票据号码	87569021282340					
备注：				复核：　　　　记账：		

（3）出纳取得进账单（回单）（第二联）。

进账单（回　单）2

2014 年 12 月 29 日

出票人	全　称	四川英电纳子科技有限公司	收款人	全　称	绵阳华远电子科技有限公司	此联是开户银行交给持（出）票人的回单
	账　号	5002129500032		账　号	2308412319022115326	
	开户银行	遂宁市商业银行股份有限公司总行营业部		开户银行	中工商银行绵阳剑南支行	
金额	人民币（大写）	伍仟捌佰玖拾陆元捌角整			亿 千 百 十 万 千 百 十 元 角 分 　　　　　￥　5　8　9　6　8　0	
票据种类	银行汇票	票据张数	1		中国工商银行绵阳剑南支行业务专用章　徐洪胜	
票据号码	87569021282340					
备注：						
	复核：　　　　记账：			开户银行签章		

（4）会计根据增值税发票及进账单回单编制记账凭证。

收 款 凭 证

借方科目：银行存款　　　　　2014 年 12 月 29 日　　　　　收字第 7 号

摘　要	贷方总账科目	明细科目	记账符号	金　额									附单据2张
				千	百	十	万	千	百	十	元	角	分
销售产品	主营业务收入							5	0	4	0	0	0
	应交税费	应交增值税（进项税额）							8	5	6	8	0
合　计							¥	5	8	9	6	8	0

财务主管：李林　　　记账：张勇　　　出纳：雷玲　　　审核：　　　制单：张勇

银行存款日记账

第 2 页

开户银行：中国工商银行绵阳剑阳支行
账　号：2308412319022115326

2014年		凭证字号	银行凭证	摘要	对方科目	借方 亿千百十万千百十元角分	贷方 亿千百十万千百十元角分	借或贷	余额 亿千百十万千百十元角分	√
月	日									
12	27			承前页		3 2 7 2 9 0 0			1 4 2 2 7 1 0 0	
12	28	付8	银行汇票	申请银行汇票	其他货币资金		5 0 4 5 8 0 0		8 2 2 7 1 0 0	
12	29	付7	银行本票	销售产品收到银行本票	主营业务收入	5 8 9 6 8 0	6 0 0 0 0 0 0		8 8 1 6 7 8 0	

业务二十二：12月30日销售产品收到现金。

（1）出纳收到现金。

5100133140　　　　四川增值税专用发票　　　　No. 38990996

开票日期：2014年12月30日

购货单位	名　称	四川绵阳久久电子科技有限公司	密码区	03+319<*78-2>59*13712
	纳税人识别号	510700729812978		34-8<53/534678<4>89/<
	地址、电话	四川省绵阳市涪城区红星街188号 0816-2266875		1-9/<+5+1-2<*806>*-+1
	开户行及账号	中国工商银行绵阳市涪城区支行 240101040002467		*2021>3944122<2>>>43

货物或应税劳务名称	规格型号	单位	数量	单价	金额	税率	税额
单孔七圈磁盒		个	150	1.20	180.00	17%	30.60
双孔十圈磁盒		个	150	1.80	270.00	17%	45.90
合　计					¥450.00		¥76.50
价税合计（大写）	人民币伍佰贰拾陆元伍角整				（小写）		¥526.50

现金收讫

销货单位	名　称	绵阳华远电子科技有限公司	备注	
	纳税人识别号	510793769970265		
	地址、电话	绵阳市金菊街8号　0816-6732169		
	开户行及账号	中国工商银行绵阳剑南支行 2308412319022115326		

收款人：雷玲　　复核：　　开票人：陈强　　销货单位：（章）

（2）会计根据增值税发票编制记账凭证。

收 款 凭 证

借方科目：<u>库存现金</u>　　　2014年12月30日　　　收字第8号

摘　要	贷方总账科目	明细科目	记账符号	金　额								
				千	百	十	万	千	百	十	元	角	分
销售产品	主营业务收入							4	5	0	0	0
	应交税费	应交增值税（进项税额）							7	6	5	0
合　计				¥				5	2	6	5	0

附单据1张

财务主管：李林　　记账：张勇　　出纳：雷玲　　审核：　　制单：张勇

(3) 出纳登记现金日记账。

现金日记账

2014年		凭证		摘要	对方科目	借方金额								贷方金额								余额								√
月	日	字	号			百	十	万	千	百	十	元	角	分	百	十	万	千	百	十	元	角	分	百	十	万	千	百	十	元	角	分	
12	1			期初余额																							1	0	0	0	0	0	
12	1	付	1	从银行提取现金备用	银行存款				3	0	0	0	0	0													4	0	0	0	0	0	
12	4	付	3	刘军借差旅费	其他应收款													2	0	0	0	0	0				2	0	0	0	0	0	
12	15	付	6	刘军报差旅费补付现金	其他应收款														1	9	7	0	0				1	8	0	3	0	0	
12	30	付	8	收到销货款	主营业务收入					5	2	6	5	0													2	3	2	9	5	0	

187

业务二十三：12月30日出纳将现金存入银行。

（1）出纳填写现金存款凭条（一式二联）。

ICBC 中国工商银行　现金存款凭条

2014 年 12 月 30 日

存款人	全 称	绵阳华远电子科技有限公司								款项来源	销货款									
	账 号	2308412319022115326								交款人	绵阳华远电子科技有限公司									
	开户行	中国工商银行绵阳剑南支行																		
金额（大写）		伍佰贰拾陆元伍角整								金额（小写）	亿	千	百	十	万	千	百	十	元	角	分
																￥	5	2	6	5	0
票面	张数	十万	千	百	十	元	票面	张数	千	百	十	元	角	分	备注：						
壹佰元	5			5	0	0	伍角	1					5	0							
伍拾元							贰角														
贰拾元	1				2	0	壹角														
拾元							伍分														
伍元	1					5	贰分														
贰元							壹分														
壹元	1					1	其他														

第二联 回单 银行核对联

第一联

（2）出纳取回现金存款凭条第一联。

ICBC 中国工商银行　现金存款凭条

2014 年 12 月 30 日

存款人	全 称	绵阳华远电子科技有限公司								款项来源	销货款									
	账 号	2308412319022115326								交款人	绵阳华远电子科技有限公司									
	开户行	中国工商银行绵阳剑南支行																		
金额（大写）		伍佰贰拾陆元伍角整								金额（小写）	亿	千	百	十	万	千	百	十	元	角	分
																￥	5	2	6	5	0
票面	张数	十万	千	百	十	元	票面	张数	千	百	十	元	角	分	备注：						
壹佰元	5			5	0	0	伍角	1					5	0							
伍拾元							贰角														
贰拾元	1				2	0	壹角								中国工商银行						
拾元							伍分								绵阳剑南支行						
伍元	1					5	贰分								收讫　　徐洪兵						
贰元							壹分														
壹元	1					1	其他														

第一联 回单

（3）会计根据现金交款凭条回单编制记账凭证。

付 款 凭 证

贷方科目：库存现金　　　　　　　2014 年 12 月 30 日　　　　　　　付字第 10 号

摘　　要	借方总账科目	明细科目	记账符号	金　额									附单据1张
				千	百	十	万	千	百	十	元	角	分	
现金存入银行	银行存款							5	2	6	5	0		
合　　计								¥5	2	6	5	0		

财务主管：李林　　　记账：　　　　出纳：雷玲　　　审核：　　　　制单：张勇

(4) 出纳登记现金日记账。

现金日记账

2014年		凭证		摘要	对方科目	借方金额 百千万千百十元角分	贷方金额 百千万千百十元角分	余额 百千万千百十元角分	√
月	日	字	号						
12	1			期初余额				1 0 0 0 0 0	
12	1	付	1	从银行提取现金备用	银行存款	3 0 0 0 0		4 0 0 0 0 0	
12	4	付	3	刘军借差旅费	其他应收款		2 0 0 0 0 0	2 0 0 0 0 0	
12	15	付	6	刘军报差旅费补付现金	其他应收款		1 9 7 0 0	1 8 0 3 0 0	
12	30	付	8	收到销货款	主营业务收入	5 2 6 5 0		2 3 2 9 5 0	
12	30	付	10	现金存银行	银行存款		5 2 6 5 0	1 8 0 3 0 0	

10

(5) 出纳登记银行存款日记账。

银行存款日记账

开户银行：中国工商银行绵阳剑南支行
账　号：2308412319022115326

第 2 页

2014年		凭证字号	银行凭证	摘要	对方科目	借方 亿千百十万千百十元角分	贷方 亿千百十万千百十元角分	借或贷	余额 亿千百十万千百十元角分	√
月	日									
12	27			承前页					1 4 2 2 7 1 0 0	
12	28	付8	银行汇票	申请银行汇票	其他货币资金	3 2 7 2 9 0 0			8 2 2 7 1 0 0	
12	29	付7	银行本票	销售产品收到银行本票	主营业务收入	5 8 9 6 8 0			8 8 1 6 7 8 0	
12	30	付10	现金交款凭条	现金存银行	库存现金	5 2 6 5 0			8 8 6 9 4 3 0	

业务二十四：12月31日出纳结账。

现金日记账

2014年		凭证		摘要	对方科目	借方金额								贷方金额								余额								√
月	日	字	号			百	十	万	千	百	十	元	角	分	百	十	万	千	百	十	元	角	分	百	十	万	千	百	十	元	角	分	
12	1			期初余额																							1	0	0	0	0	0	
12	1	付	1	从银行提取现金备用	银行存款				3	0	0	0	0	0													4	0	0	0	0	0	
12	4	付	3	刘军借差旅费	其他应收款													2	0	0	0	0	0					2	0	0	0	0	0	
12	15	付	6	刘军报差旅费补付现金	其他应收款														1	9	7	0	0					1	8	0	3	0	0	
12	30	付	8	收到销货款	主营业务收入					5	2	6	5	0													2	3	2	9	5	0	
12	30	付	10	现金交存银行	银行存款														5	2	6	5	0					1	8	0	3	0	0	
12	31			本月合计					3	5	2	6	5	0				2	7	2	3	5	0				1	8	0	3	0	0	√

银行存款日记账

第 2 页

开户银行：中国工商银行绵阳剑南支行
账号：2308412319022115326

2014年		凭证字号	摘要	对方科目	借方 亿千百十万千百十元角分	贷方 亿千百十万千百十元角分	借或贷	余额 亿千百十万千百十元角分	√
月	日								
12	27		承前页					1 4 2 2 7 1 0 0	
12	28	付8	银行汇票	申请银行汇票	其他货币资金	5 0 4 5 8 0 0		8 2 2 7 1 0 0	
12	29	付7	银行本票	销售产品收到银行本票	主营业务收入	5 8 9 6 8 0	6 0 0 0 0 0	8 8 1 6 7 8 0	
12	30	付10	现金交款凭条	现金交存银行	库存现金	5 2 6 5 0		8 8 6 9 4 3 0	
12	31		本月合计		3 9 1 5 2 3 0	1 1 0 4 5 8 0 0		8 8 6 9 4 3 0	

业务二十五：12月31日出纳收到银行对账单与银行存款日记账核对。

（1）出纳对账找出未达账项。

中国工商银行客户存款对账单

网点号：　　　　币种：人民币（本位币）　　单位：元　　2014年　　页号：1

日期	凭证种类	凭证号	对方户名	摘要	借方发生额	贷方发生额	余额
12.01							160000.00
12.01	现金支票	1030511206479172	绵阳华远电子科技有限公司	现付	3000.00		157000.00
12.03	转账支票	1020512206282600	绵阳海瑞电子有限责任公司	转付	6552.00		150448.00
12.06	转账支票	2608986703489674	四川英电纳子科技有限公司	转收		5896.80	156344.80
12.08	电汇	00594370	成都红星公司	汇出	10000.00		146344.80
12.08	收费凭证	003672134	中国工商银行绵阳剑南支行	手续费	50.00		146294.80
12.09	电汇	08966828	四川英电纳子科技有限公司	转收		7020.00	153314.80
12.12	收费凭证	24569012356	中国工商银行绵阳剑南支行	手续费	10.00		153304.80
12.16	银行承兑汇票	24536135	绵阳海瑞电子有限责任公司	付款	17784.00		135520.80
12.20	银行承兑汇票	51237890	绵阳海瑞电子有限责任公司	收款		7722.00	143242.80
12.23	委托收款	4765421098	莫仕公司四川分公司	收款		6388.20	149631.00
12.25	委托收款	5765421099	绵阳游仙供电分公司	转付	8062.00		141569.00
12.26	银行本票	98662340976537	四川松田电子科技有限公司	转存	5000.00		136569.00
12.27	银行本票	98662340976537	四川松田电子科技有限公司	转收		437.00	137006.00
12.28	电汇	19876789	莫仕公司四川分公司	转收		6000.00	143006.00
12.28	银行汇票	9763290872345638	成都红星公司	转付	60000		83006.00
12.30	利息支付通知单	23674895	中国工商银行绵阳剑南支行	转付	1235.60		81770.40
12.30	现金存款凭条	346091	绵阳华远电子科技有限公司	现存		526.50	82296.90
12.31	利息入账通知单	6758342	中国工商银行绵阳剑南支行	转收		675.70	82972.60

截至2014年12月31日，账户余额82972.60元。

保留余额：0　　冻结余额：0　　透支余额：0　　可用余额：

1）12月28日收到绵阳久久电子科技有限公司银行本票5265.00元入账，银行未入账。

2）12月29日收到四川英电纳子科技有限公司银行汇票5896.80元入账，银行未入账。

3）12月28日银行收到莫仕公司四川分公司货款6000元入账，企业未入账。

4）12月30日银行扣除贷款利息1235.60元入账，企业未入账。

5）12月31日银行存入存款利息675.50元入账，企业未入账。

(2) 出纳编制银行存款余额调节表。

银行存款余额调节表
2014 年 12 月 31 日

项　目	金　额	项　目	金　额
银行存款日记账余额	88694.30	银行对账单余额	82972.60
加：银行已收、企业未收	6000.00	加：企业已收、银行未收	5265.00
	675.70		5896.80
减：银行已付、企业未付	1235.60	减：企业已付、银行未付	0
调节后余额	94134.40	调节后余额	94134.40

课后练习：

绵阳华远电子科技有限公司 2004 年 12 月 1 日库存现金日记账余额为 2600 元，银行存款日记账余额为 85000 元。

2014 年 12 月发生下列经济业务：

1. 12 月 2 日向银行申请银行汇票 50000 元，用于向成都红星公司购买材料

（1）填写银行汇票申请书到开户银行办理银行汇票。

（2）取得银行汇票申请书第一联及银行汇票。

（3）编制记账凭证。

（4）登记日记账。

2. 12 月 4 日开出转账支票支付四川松田电子有限责任公司材料款

1100133140			北京增值税专用发票				No. 13169616		
							开票日期：2014 年 5 月 13 日		

购货单位	名　称	绵阳华远电子科技有限公司			密码区	02+913<*87-1>59*14713		加密版本：01	
	纳税人识别号	510793769970265				44-8<45/259564<4>92/<		1100121140	
	地址、电话	绵阳市金菊街 8 号 0816-6732169				2-9/<+5+1-2<*806>*-+0		02000713	
	开户行及账号					*1021><1553922<3>>>52			
货物或应税劳务名称	规格型号	单位	数量	单价		金额	税率	税额	
针	N160-20137/00	个	50	2.3931623932		119.66	17%	20.34	
V 型带	Z450	根	5	7.6923076923		270.00	17%	6.54	
V 型带	Z400	根	5	7.6923076923		38.46	17%	6.54	
尼龙带	1.3-25-1020	盘	4	72.64957265		290.60	17%	49.40	
气胀芯轴	上海	件	1	2128.2051282		5128.21	17%	871.79	
合　计						¥5615.39		¥954.61	
价税合计（大写）	人民币陆仟伍佰柒拾元整					（小写）¥6570.00			
销货单位	名　称	四川松田电子有限责任公司			备注				
	纳税人识别号	5103797683701647							
	地址、电话	绵阳市剑南路 26 号 0816-2675806							
	开户行及账号	中国建设银行绵阳剑南路支行 510016586380515000806							

收款人：雷玲　　　　复核：　　　　开票人：陈强　　　　销货单位：（章）

（1）填写支票领用簿。

（2）填写转账支票，支票正文交给四川松田电子有限责任公司。

（3）编制记账凭证。

（4）登记日记账。

3. 12月5日销售部李刚借差旅费2000元去上海参加订货会

（1）填写借款单。

（2）编制记账凭证。

（3）登记日记账。

4. 12月6日到银行提取现金3600元备用

（1）填写支票领用簿。

（2）填写现金支票到银行提取现金。

（3）编制记账凭证。

（4）登记日记账。

5. 12月8日向成都红星公司汇款（电汇）支付购料款4363.20元

（1）填写电汇凭证到开户银行办理汇款业务。

凭证

电汇收费

2014年12月8日

工本费付费户名：绵阳华远电子科技有限公司					
工本费付费账号：2308412319022115326					
手续费付费户名：绵阳华远电子科技有限公司					
手续费付费账号：2308412319022115326			使用凭证账号：2308414109100060000		
服务项目（凭证种类）：	凭证号码段1： 凭证号码段2： 凭证号码段3：		工本费：	手续费：	金额小计：
现金支票				43.63	43.63
金额合计（大写）：人民币（本位币）肆拾叁元陆角叁分					
金额合计（小写）：RMB43.63					
					记账：01320
地区号：02308	网点号：04111	操作柜员：01320	授权柜员：	交易时间：	

（2）编制记账凭证。

（3）登记日记账。

6. 12月10日莫仕公司四川分公司2014年9月7日开出的银行承兑汇票到期收到款项

银行承兑汇票

出票日期（大写） 贰零壹肆年 零玖月 零柒日

2 C/0 A/1 66457898

出票人全称	莫仕公司四川分公司	收款人	全 称	绵阳华远电子科技有限公司
出票人账号	2308412319022235279		账 号	2308412319022115326
付款行全称	中国工商银行成都高新区支行		开户银行	中国工商银行绵阳剑南支行
出票金额	人民币（大写）陆仟柒佰贰拾贰元整		亿千百十万千百十元角分 ¥ 6 7 2 2 0 0	
汇票到期日（大写）	贰零壹肆年拾贰月零柒日	付款行	行 号	中国工商银行成都高新区支行
承兑协议编号			地 址	四川省成都市高新区62号
本汇票请你行承兑，到期无条件付款 出票人签章		本汇票已经承兑，到期日由本行付款 承兑日期：2014年9月7日 承兑行签章 备注：	复核：	记账：

此联收款人开户行随托收凭证寄付款行作借方凭证附件

（1）银行承兑汇票背书。

粘 单

被背书人	被背书人
背书人签章 年 月 日	背书人签章 年 月 日

（2）填写委托收款凭证（一式五联）到银行办理收款。

（3）取得托收凭证1（受理回单）、打印业务回单或收到开户银行收款通知。

中国工商银行 ICBC

业务回单（收款） 凭证

日期：2014 年 12 月 7 日　　　回单编号：15061000002

付款人户名：莫仕公司四川分公司	付款人开户行：中国工商银行成都高新区支行
付款人账号（卡号）：2308412319022535279	收款人开户行：中国工商银行绵阳剑南支行
收款人户名：绵阳华远电子科技有限公司	
收款人账号（卡号）：2308412319022115326	
金额：陆仟柒佰贰拾贰元整	小写：¥6722.00
业务（产品）种类：转账　　凭证种类：000000000	凭证号码：0000000000000000
摘要：　　　　用途：	币种：人民币
交易机构：0230800055　记账柜号：02763　交易代码：02713	渠道：柜台
汇划种类：银行承兑汇票　客户附言：　　用途：	（中国工商银行绵阳剑南支行 自动回单机专用章 (002)）

本回单为第 1 次打印，注意重复　打印时间：　年　月　日　打印柜员：9　验证码：D9198D73C006

(4) 编制记账凭证。

(5) 登记日记账。

7. 12 月 12 日向开户银行申请银行本票 8000 元，用于向绵阳海瑞电子有限责任公司购买材料

(1) 填写银行本票申请书（一式三联）。

(2) 取得银行本票申请书第一联（回单）及银行本票 2。

(3) 编制记账凭证。

(4) 登记日记账。

8. 12 月 13 日，刘军出差归来，报销差旅费 2350 元，并补付现金 350 元

(1) 填写差旅费报销单。

出纳岗位实训

浙江省地方税务局通用机打发票

发票联

发票代号：233001471633
发票号码：02156421

开票日期：2014 年 12 月 10 日　　行业分类：旅店业

纳税人识别号：330401587788094	机打号码：02156421
机器编号：	税控防伪码：8338 6351 9208 2886 0218
付款户名：绵阳华远电子科技有限公司	付款方式：信用卡

房号	到店时间	离店时间	天数	人数	单价	金额
806	2014.12.6	2014.12.10	5.0	1	300	1500.00

合计人民币（大写）：壹仟伍佰元整　　　　　　　　　　¥1500.00

备注：

开票人：　　　　　收款人：姚玉瑾　　　收款单位盖章　　手写无效

第一联 发票联 付款方记账凭证（手开无效）

N072839		绵 阳	售
绵 阳	D2202 次	嘉 兴	
Mian Yang	→	Jia Xing	
2014 年 12 月 6 日	08:57 开	02 车　001 号　A	
¥425.00 元	网	二等座	
限乘当日当次车			
刘 军			
5103221984****7321			
45524320068913N0725K4			

N080968		嘉 兴	售
嘉 兴	D2208 次	绵 阳	
Jia Xing	→	Mian Yang	
2014 年 12 月 10 日	08:08 开	04 车　013 号　A	
¥425.00 元	网	二等座	
限乘当日当次车			
刘 军			
5103221984****7321			
45524320068913N0725K4			

（2）报账并补付现金，填写现金付款凭证。

（3）编制记账凭证。

（4）登记日记账。

9. 12月15日将销货款现金863.50元存入银行

（1）填写现金缴款单（票面自定），将现金送存开户银行。

（2）编制记账凭证。

（3）登记日记账。

10. 12月16日销售产品7020.00元（货款6000.00元、增值税1020.00元）给四川英电纳子科技有限公司，采用委托收款结算方式

（1）填写委托收款凭证（一式五联）到开户银行办理委托收款业务。

（2）编制记账凭证。

11. 12月20日收到银行收账通知（或出纳到开户银行打印的业务回单）

收到四川英电纳子科技有限公司的货款7020.00元入账。

ICBC 中国工商银行 业务回单（收款）凭证

日期：2014年12月20日　　　　回单编号：15061000002

付款人户名：四川英电纳子科技有限公司		付款人开户行：遂宁市商业银行股份有限公司总行营业部	
付款人账号（卡号）：5002129500032		收款人开户行：中国工商银行绵阳剑南支行	
收款人户名：绵阳华远电子科技有限公司			
收款人账号（卡号）：2308412319022115326			
金额：柒仟零贰拾元整		小写：¥7020.00	
业务（产品）种类：转账	凭证种类：000000000	凭证号码：000000000000000	
摘要：	用途：	币种：人民币	
交易机构：0230800055	记账柜号：02763	交易代码：02713	渠道：柜台
汇划种类：委托收款	客户附言：	用途：	

本回单为第1次打印，注意重复　　打印时间：2014年12月20日　　打印柜员：9　　验证码：D9198D73C006

出纳岗位实训

中国工商银行 托收凭证（汇款依据或收账通知） 4

委托日期：2014 年 12 月 20 日　　　　付款期限：　年　月　日

业务类型	委托收款（□邮划　□电划）	托收承付（□邮划　☑电划）

付款人：
- 全称：四川英电纳子科技有限公司
- 账号：5002129500032
- 地址：四川省遂宁市
- 开户行：遂宁市商业银行股份有限公司总行营业部

收款人：
- 全称：绵阳华远电子科技有限公司
- 账号：2308412319022115326
- 地址：四川省绵阳市
- 开户行：中国工商银行绵阳剑南支行

金额：人民币（大写）柒仟零贰拾元整　￥7020.00

款项内容	销货款	托收凭据名称	增值税发票	附寄单证张数	2张

商品发运情况：已发运　　合同名称号码：购销合同 3562341

备注：
上列款项已划回收入你方账户内
收款人开户银行签章：2014 年 12 月 20 日
（中国工商银行 绵阳剑南支行 2014.12.20 于波）

复核：　　记账：

此联付款人开户银行凭以汇款或收款人开户银行作收账凭证

（1）编制记账凭证。

（2）登记日记账。

12. 12 月 28 日销售产品给四川绵阳久久电子科技有限公司，收到转账支票一张

中国工商银行 转账支票

6485938
10205122
06282607

出票日期（大写）：贰零壹肆 年 拾贰 月 贰拾捌 日
收款人：
付款行名称：中国工商银行绵阳市涪城区支行
出票人账号：2401010400002467

人民币（大写）：柒仟零贰拾元整　￥7020.00

用途：货款
密码：
行号：102659041213

付款期限自出票之日起十天

上列款项请从我账户内支付
出票人签章：（四川绵阳久久电子科技有限公司 财务专用章）　王茜

复核：　　记账：

附加信息	被背书人	被背书人	
			（粘贴单处）
	背书人签章 年　月　日	背书人签章 年　月　日	

根据《中华人民共和国票据法》等法律法规的规定，签发空头支票由中国人民银行处以票面金额5%但不低于1000元的罚款。

（1）转账支票背书并填写进账单（一式三联）到银行办理业务。

（2）编制记账凭证。

（3）登记日记账。

13. 12月29日开出转账支票支付原欠四川松田电子有限责任公司货款5040.00元、增值税856.80元

（1）填写支票领用簿。

（2）填写转账支票交给四川松田电子有限责任公司。

（3）编制记账凭证。

（4）登记日记账。

14. 12月31日结账（现金日记账、银行存款日记账）

15. 12月31日取得银行对账单进行对账，编制银行存款余额调节表

中国工商银行客户存款对账单

网点号：　　　　币种：人民币（本位币）　　　　单位：元　　　　2014年　　　　页号：1

日期	凭证种类	凭证号	对方户名	摘要	借方发生额	贷方发生额	余额
12.01							85000.00
12.02	银行汇票		成都红星公司	转存	50000.00		35000.00
12.04	转账支票		四川松田电子科技有限公司	转付	1892.00		33108.00
12.06	现金支票		绵阳海瑞电子有限责任公司	现付	3600.00		29508.00
12.08	电汇		成都红星公司	汇出	4363.20		25144.80
12.08	收费凭证		中国工商银行绵阳剑南支行	手续费	43.63		25101.17
12.10	银行承兑汇票		莫仕公司四川分公司	转收		6722.00	31823.17
12.12	银行本票		绵阳海瑞电子有限责任公司	转付	8000.00		23823.17
12.15	现金存款凭条		绵阳华远电子科技有限公司	现收		863.50	22959.67
12.20	委托收款		四川英电纳子科技有限公司	转收		7020.00	29979.67
12.28	电汇		莫仕公司四川分公司	转收		6388.20	36367.87
12.30	委托收款		绵阳游仙供电分公司	转付	1035.23		35332.64

截至2014年12月31日，账户余额35332.64元。

保留余额：0　冻结余额：0　透支余额：0　可用余额：